Martin Grabe

WEGE AUS DER TRAUER

Martin Grabe

Wege aus der Trauer

Wie wir im Verlust gewinnen können

francke

Über den Autor:
Dr. med. Martin Grabe, Psychiater und Psychotherapeut, ist Chefarzt der Psychotherapieabteilung der Klinik Hohe Mark bei Frankfurt und leitet die Akademie für Psychotherapie und Seelsorge (APS). Lehraufträge in verschiedenen Master-Studiengängen im Fach Praktische Theologie. Martin Grabe ist verheiratet, hat vier Kinder und lebt in Kronberg im Taunus.

In dieses Buch wurde großenteils die früher vom selben Autor bei uns erschienene Kleinschrift „Trauer & Depression" in überarbeiteter Fassung integriert.

Bibliografische Information Der Deutschen Bibliothek
Die Deutsche Bibliothek verzeichnet diese Publikation in der Deutschen Nationalbibliografie; detaillierte bibliografische Daten sind im Internet über http://dnb.ddb.de abrufbar.

ISBN 978-3-86827-382-3
Alle Rechte vorbehalten
© 2013 by Verlag der Francke-Buchhandlung GmbH
35037 Marburg an der Lahn
Umschlaggestaltung: Verlag der Francke-Buchhandlung GmbH /
Sven Gerhardt
Umschlagbild: © iStockphoto.com / Jacob Wackerhausen
Satz: Verlag der Francke-Buchhandlung GmbH
Druck und Bindung: CPI Moravia Books, Korneuburg

www.francke-buch.de

Inhaltsverzeichnis

Einleitung

Trauer ist ein Gefühl, das jeder kennt und keiner mag. Die meisten Menschen machen deshalb auch einen Bogen um dieses Thema – bis es wieder einmal so weit ist. Oft in großer Hilflosigkeit muss die Trauer dann erlebt und erlitten werden.

Beim letzten Punkt bleibt es auch in jedem Fall. Trauer muss erlitten werden.

Das betrifft alle Menschen, auch diejenigen, die sich vielleicht aus professionellen Gründen schon viele Gedanken darüber gemacht haben wie Seelsorger und Therapeuten[1]. Man kann es ihnen sogar nur wünschen, dass sie Betroffene sind wie alle anderen. Denn die Trauer, so viel sei hier schon vorab gesagt, ist ein überaus wichtiger und hilfreicher Prozess. Trauern ist eine Basisfähigkeit unserer Seele, die viel zu unserer Persönlichkeitsentwicklung beitragen kann.

> Trauer ist ein Gefühl, das jeder kennt und keiner mag.

---

[1] Gemeint sind hier und im Folgenden immer beide Geschlechter, der besseren Lesbarkeit halber wird meist nur die sprachlich kürzere Form gewählt.

Allerdings können wir sehr verschieden mit ihr umgehen. Und hier liegt auch der Sinn dieses Buches. Wer sich Zeit nimmt, über Trauer nachzudenken, wenn er sich nicht gerade in einem akuten Trauerprozess befindet, der ist auch innerhalb der Trauer dem Geschehen nicht hilflos ausgeliefert. Er oder sie ist eher in der Lage, sich Gefühle einzugestehen, sie zuzulassen, immer wieder auch Abstand einzunehmen zu den Prozessen, die gerade in einem ablaufen. Wir können die Arbeit der Trauer in uns unterstützen, wenn wir wissen, wozu sie dient. Menschen, die sich mit dem Wesen der Trauer beschäftigt haben, sind auch in der Lage, auf neue und hilfreiche Weise mit Trauernden umzugehen. Kontakte zu Trauernden können durch mehr Bewusstheit aus der Zone des Peinlichen, Hilflosen, Sprachlosen herausgehoben werden und sich stattdessen in gerade besonders wertvolle zwischenmenschliche Kontakte verwandeln. Das gemeinsame Durchstehen einer Trauersituation kann Freundschaften sehr festigen.

> Das gemeinsame Durchstehen einer Trauersituation kann Freundschaften sehr festigen.

Beim Thema Trauer denken viele sofort an schwere und schwerste Trauersituationen, wie sie z. B. dann eintreten, wenn uns unvermutet ein geliebter Mensch entrissen wird. Auch solche Extremsituationen gehören dazu, und gerade sie und die damit verbundene Trauerarbeit prägen Menschen besonders stark.

Vor allem aber ist die Trauer ein ausgesprochen alltägliches Gefühl. Es vergeht kein Tag, an dem Menschen nicht zumindest einen Anflug von Traurigkeit erleben. Wir Erwachsenen haben im Laufe unseres Lebens allerhand Mechanismen entwickelt, uns die Trauer, solange es möglich ist, einigermaßen aus dem Bewusstsein zu halten. Oft sind es auch gesellschaftliche Normen, die dafür sorgen, dass wir Gefühle nicht so stark zeigen. Aber wer kleinere Kinder hat oder mit Kindern arbeitet, weiß, wie oft es da etwas zu trösten gibt. Den ganzen Tag lang gibt es immer wieder kleinere oder größere Frustrationen, Verluste, Schmerz. Und das ist bei uns abgeklärten Erwachsenen nicht anders, auch wenn wir es meist sogar vor uns selbst verstecken.

> Es vergeht kein Tag, an dem Menschen nicht zumindest einen Anflug von Traurigkeit erleben.

So möchte ich mit Ihnen als Leserin bzw. Leser zunächst einmal mit einer gewissen Neugier untersuchen, wie und warum dieses altbekannte und doch reichlich rätselhafte Gefühl der Trauer entsteht und welche Funktion es hat. Dabei werden wir möglicherweise Entdeckungen machen, die Sie nicht erwartet haben. Diese führen aber zu einem tieferen Verständnis von Trauer und zu wichtigen Schlussfolgerungen für den Umgang mit ihr.

Anschließend soll der Prozess intensiver Trauer dargestellt werden, wobei ich nachzeichnen möchte, wohin uns dieser Weg eigentlich führt, den die Trauer mit uns geht, und wie sie mit uns arbeitet. Erstaunlicherweise bleibt letztlich nicht Chaos und Gefühlsverarmung zurück, wie man es vielleicht erwarten könnte und wie Trauernde es zuerst erleben, sondern ein größerer innerer Reichtum.

Im letzten Teil des Buches möchte ich dann darauf eingehen, wie es passieren kann, dass Trauerprozesse zur Krankheit werden. Es soll beschrieben werden, was der Unterschied ist zwischen Trauer und der Depression, obwohl sich beide Bilder oft zum Verwechseln ähnlich sehen, und was es bei der Depression heutzutage für therapeutische Möglichkeiten gibt.

Ich hoffe, dass das Buch dadurch für viele zur brauchbaren Orientierungshilfe wird und dazu beiträgt, mit uns selbst und mit Betroffenen hilfreicher umzugehen.

1. Was ist Trauer?

In der Klinik halte ich gelegentlich Seminare zum Thema Trauer. Manchmal mache ich mit den Teilnehmern als Einstieg folgenden Versuch:

Ich stelle in der Gruppe zunächst einmal fest, dass Menschen im Alltag, wenn sie nicht allzu sehr darüber nachdenken, oft ihre Gefühle in gute und böse einteilen. Dann bitte ich die Teilnehmer, mir einmal spontan ein paar gute Gefühle zu nennen. Da kommt dann etwa

- Freude,
- Glück,
- Spaß,
- Liebe,
- Barmherzigkeit,
- Geborgenheit.

Das variiert natürlich je nach Teilnehmern, aber Freude und Liebe sind immer dabei.

Wenn ich sie dann bitte, mir einige böse Gefühle zu nennen, kommt z. B.

- Hass,
- Neid,
- Eifersucht,
- Wut.

Nur ein Gefühl ist noch nie genannt worden: die Trauer! Obwohl es in einem Seminar zu diesem Thema doch ziemlich nahegelegen hätte, darauf zu kommen.

Woran liegt das? Trauer ist doch eindeutig ein Gefühl. Aber wohin gehört sie? Offensichtlich passt sie nicht in eine dieser beiden Schubladen „gut" oder „böse". Die Trauer hat auf eine bestimmt Art immer beides an sich. In unserer Gesellschaft gilt sie in moralischer Hinsicht eindeutig als gut. Wer trauert, hat geradezu einen Anspruch auf Trost und darauf, dass Rücksicht genommen wird. Aber ebenso klar ist: Wer trauert, dem geht es nicht gut. Die Trauer ist für Betroffene ein schlechtes Gefühl. Und keiner will sie haben.

Mit der Trauer hat es aber noch eine weitere Bewandtnis. Das möchte ich mit folgendem schlichten, aus dem Leben gegriffenen Beispiel deutlich machen.

Stellen Sie sich vor, Sie helfen Bekannten in deren Garten dabei, ein Gartenhäuschen zusammenzubauen. Das Wetter ist schön, die Stimmung gut, und Sie haben die Aufgabe, ein Brett nach dem anderen anzunageln. Irgendwie haben Sie die munteren Reden, die die Arbeit begleiteten, dann aber doch etwas zu sehr abgelenkt, und so hauen Sie sich mit dem Hammer so richtig schwungvoll auf den linken Daumen. Es tut ganz erbärmlich weh. Was ist Ihre erste Reaktion?

Die meisten, die schon ein ähnliches Erlebnis hatten, können sich noch gut erinnern, wie sie vielleicht als Erstes gegen die Wand getreten haben, an der sie gerade genagelt haben, und fast allen sind trotz guter Kinderstube Ausdrücke über die Lippen gerutscht, die sie ungern öffentlich wiederholen würden. Das erste Gefühl war – Wut!

So etwas wie Traurigkeit kommt erst etwas später. Wenn Sie dasitzen, dem bohrenden Schmerz im Daumen ausgeliefert sind und nur hoffen können, dass er bald nachlässt, dann erinnern Sie sich vielleicht, wie viele Dinge Sie heute eigentlich noch erledigen müssen und dass das mit diesem Daumen jetzt gar nicht mehr geht. Wenn Ihnen dann noch einfällt, wie oft Sie auch sonst schon in letzter Zeit Pech gehabt haben, dann tun Sie sich richtig leid. Sie könnten heulen. Natürlich tun wir es als Erwachsene möglichst nicht, insbesondere, wenn andere dabei sind, aber Sie wissen, wie Kinder in ähnlichen Situationen reagieren. Sie lassen dem körperlich-seelischen Schmerz hemmungslos seinen Lauf und haben geradezu einen Anspruch darauf, vom nächsten Erwachsenen in den Arm genommen und getröstet zu werden.

Offensichtlich gehören Wut und Trauer/Schmerz ganz eng zusammen. Bei einem so heftigen und plötzlichen Eingriff, wie es ein Hammerschlag ist, wallt bei den weitaus meisten Menschen zunächst einmal eine heftige Aggression auf. Das läuft nicht bewusst ab. Verstandesmäßig würde jeder natürlich leicht einsehen, dass weder Fluchen noch Treten jetzt noch etwas hilft, wo es schon passiert ist. Im Gegenteil, vielleicht verstaucht man sich auch noch den Zeh dabei.

> **Wut und Trauer gehören ganz eng zusammen.**

Es handelt sich stattdessen um eine ziemlich archaische Erregung, wo sogenannte ältere Hirnteile am bewusst denkenden Großhirn vorbei die Kontrolle übernehmen. Sie sorgen für eine ordentliche Hormonausschüttung und machen den Körper blitzschnell bereit, entweder zu kämpfen oder zu flüchten.

Das war vor z. B. 2000 Jahren auch noch ausgesprochen sinnvoll. Wenn damals einer unserer Vorfahren hier durch die Wälder streifte und überraschend von einem heftigen Schmerzreiz getroffen wurde, dann konnte das nur zweierlei bedeuten: entweder eine feindliche Waffe hatte ihn erwischt oder ein wildes Tier angegriffen. Und es kam jetzt darauf an, blitzschnell zu entscheiden: größer und stärker als ich, oder kleiner und schwächer? Wenn kleiner und schwächer, hieß es kämpfen, wenn größer und stärker: flüchten, was das Zeug hielt.

Nur weil dieser Reflex hervorragend bei unserem Vorfahren funktionierte, ist er überhaupt unser Vorfahr geworden!

Offensichtlich sucht ein Mensch auch heute noch in unserer zivilisierten Umgebung in einer solchen Situation zuallererst reflexhaft nach einem Gegner, gegen den er sich verteidigen kann.

Sein Körper stellt ihm immer noch blitzschnell alle verfügbaren Reserven für einen Kampf – oder eine Flucht – zur Verfügung. In den weitaus meisten heutigen Situationen nützt es nun allerdings nur noch wenig, körperlich in Hochform gebracht zu werden, insbesondere, wenn es sich um seelische Verluste handelt. Wenige Ausnahmen gibt es. Denken Sie nur an plötzliche gefährliche Situationen im Straßenverkehr. Da kann es schon immer noch sehr nützlich sein, wenn wir in der Lage sind, in Gefahrensituationen sehr schnell und intuitiv richtig zu reagieren.

Bei dem plötzlichen Schmerz im linken Daumen gibt

es aber – was sehr schnell klar wird – keinen Gegner, der daran schuld ist und gegen den man sich wehren müsste.

Wohin dann mit der Energie, die der Körper schon bereitgestellt hat? Es wäre im oben genannten Beispiel nicht sehr sinnvoll, immer weiter zu schimpfen und vielleicht das Gartenhäuschen zu zerstören. Der Schmerz würde davon nicht kleiner werden, und unsere Freunde wären wir möglicherweise los.

Die Energie der Enttäuschungswut richtet sich gegen uns selbst.

Stattdessen wendet sich die Aggression nach innen und macht uns „niedergeschlagen".

Die Energie der Enttäuschungswut richtet sich gegen uns selbst.

Noch ein weiteres Beispiel für diese Reihenfolge von Wut und Niedergeschlagenheit:

Ein Mädchen im Teenageralter hat eine SMS bekommen, des Inhalts, dass ihr Freund Schluss mit ihr macht. Als sie dann noch erfährt, mit wem er jetzt geht, tobt sie vor Wut. Sie weiß gar nicht wohin mit all der Verachtung und dem Hass. Ihre beste Freundin und ihre Mutter müssen sich lange Schimpfkanonaden anhören, wobei mit beleidigenden Ausdrücken über diesen jungen Mann nicht gespart wird. Die Aggression ist nach außen gewendet.

Es bleibt aber nicht dabei. Sie wird nicht verhindern können, dass sich all diese Energie, die außen nur bedingt ein Ziel findet, auf sie selbst zurückfällt.

Vielleicht, wenn sie abends alleine vor dem Spiegel steht. Mensch, die Akne sieht ja wieder schlimm aus. Ja, bin ich denn so hässlich und so blöd, dass es keiner mit mir aushält? Stelle ich mich so ungeschickt an?

Sie wird möglicherweise tagelang mit verheulten Augen zu den Mahlzeiten erscheinen. Aus Aggression wird Depression, ein Gefühl des Alleingelassenseins, der Hilflosigkeit und des eigenen Unwerts. Manchmal werden die Gefühle allerdings auch noch deutlich hin und her wechseln.

Natürlich waren die geschilderten Situationen eher harmlose Beispiele. Beim Schlag auf den Daumen entsteht nicht viel Trauer, weil der Betroffene ja weiß, dass der Schmerz sich in absehbarer Zeit bessern wird. Und wir können auch darauf vertrauen, dass unser Teenie wieder Mut fassen wird.

Generell ist die Ursache für Trauer immer ein Verlust. Ob es um körperliche Integrität geht, wie im ersten Beispiel, um Verlust von Beziehungen, wie im zweiten, ob es um

Verlust von materiellem Besitz geht oder von Ansehen am Arbeitsplatz und in der Gesellschaft.

Immer ist Trauer zu leisten, und immer ist Trauer nicht ein eindeutiges Gefühl, sondern läuft mehrschichtig und mehrphasig ab. In Kapitel 3 (Trauer als Prozess) sehen wir uns das noch genauer an. Was hier aber schon deutlich wurde: Immer dann, wenn Menschen von Verlusten getroffen werden, entsteht aggressive Energie. Wenn diese kein äußeres Ziel findet, wendet sie sich gegen die Betreffenden selbst. Je plötzlicher ein Verlust eintritt und je schwerwiegender er ist, desto heftiger, länger und potentiell zerstörerischer sind auch diese Reaktionen.

> **Generell ist die Ursache für Trauer immer ein Verlust.**

2. Kann man Trauer vermeiden?

Was Menschen als Verluste und Enttäuschungen erleben, ist individuell sehr verschieden.

Es hängt zum einen sehr stark mit ihren Erwartungen, Ansprüchen und mit ihrem Selbstbild zusammen, also ihren Ansprüchen an andere, an das Leben und an sich selbst. Zum anderen ist es aber auch ein Ausdruck dafür, wie stark Bindungen an andere Menschen waren, die sie eingegangen sind.

Ein sehr sportlicher Mensch wird vielleicht jahrelang schwer darunter leiden, wenn nach einem Autounfall eine leichte Gehbehinderung zurückbleibt, während eine andere Person bald zur Tagesordnung übergeht und froh ist, dass nicht noch mehr passiert ist.

Auch wenn ein Kollege wegzieht, der in der Arbeit tüchtig und fleißig war, können die zurückbleibenden Gefühle sehr unterschiedlich sein. Vielleicht haben wir ihn als etwas arrogant und besserwisserisch erlebt, dann bedauern wir wahrscheinlich nicht allzu sehr, dass er nicht mehr da ist, auch wenn anzunehmen ist, dass die Einarbeitung des Nachfolgers erst mal einige Mühe kosten wird. Haben wir uns stattdessen gut mit ihm verstanden, uns gegenseitig manchmal auf interessante Ideen gebracht, vielleicht sogar den einen oder anderen netten Abend miteinander verbracht, wird ein echter kleinerer Trauerprozess nötig sein.

Bei der Trauer geht es nie um die „objektive" Größe der Verluste, sondern um das subjektive psychische Leiden, das diese auslösen. Und das entsteht dort, wo ein Mensch etwas verliert, das ihm wichtig war und das er bisher für selbstverständlich gehalten hat. Er hatte es in sein Selbstbild integriert: So bin ich nun mal, so sieht mein Lebensumfeld eben aus. Auch Bindungen zu anderen Menschen, die wir eingehen, werden in gewisser Weise zu Erweiterungen unserer selbst.

> Leiden entsteht dort, wo ein Mensch etwas verliert, das ihm wichtig war und das er bisher für selbstverständlich gehalten hat.

Jeder Mensch besetzt im Laufe seines Lebens sozusagen einen Raum, ein narzisstisches Terrain, das er als unmittelbar zu sich gehörig betrachtet. Das ist mehr ein inneres als ein äußerlich wahrnehmbares Geschehen. Dimensionen dieses Raumes sind auch heute noch die schon von Aristoteles definierten menschlichen Grundstrebungen: nach Besitz, Ehre und Lust.

In jeder dieser Richtungen breiten sich Menschen aus, allerdings ergeben sich dabei sehr, sehr unterschiedliche und individuelle Muster. Dem einen ist sein Haus unglaublich wichtig, dem anderen, Anerkennung im Beruf zu bekommen, und wieder anderen eine bestimmte Sportart.

Eine weitere Dimension sind Beziehungen. Auch hier gehen wir ganz unterschiedliche Bindungen ein. Auch der Glaubensbereich ist in dieser Dimension Beziehung angesiedelt.

Wenn Menschen jetzt Beziehungen oder Dinge durch Unfall oder unglückliche Entwicklungen verlieren, dann hängt ihre Reaktion sehr damit zusammen, ob und wie stark diese Dinge in ihr Selbstbild integriert waren. Wenn nicht, dann fällt es uns auch leicht loszulassen. Wenn wir etwas hergeben müssen, mit dem wir identifiziert waren, wenn etwas auf der psychischen Ebene Bestandteil unserer selbst war, dann verursacht das immer eine echte Verletzung. Und das bedeutet: Trauerarbeit muss geleistet werden.

Deswegen kann niemand von außen Trauernden sagen, ob sie zu Recht oder Unrecht trauern, ob ihre Trauer angemessen ist. Dass sie trauern, zeigt, dass sie eine Verletzung betroffen hat – und dass sie deshalb jetzt trauern müssen.

In Kapitel 1 haben wir festgestellt, dass Trauer gerade am Anfang auch heftige Wut umfasst. Dabei gilt es heutzutage, wie wir gesehen haben, nur noch selten, äußere Feinde abzuwehren oder zu flüchten. Aber der Verteidigungsreflex wird mindestens ebenso in Bezug auf psychischen Besitzstand ausgelöst wie in Bezug auf körperliche Unversehrtheit. Was wir als zu uns gehörig betrachten, verteidigen wir erst einmal nach Kräften, wenn es uns genommen werden soll.

Im Wesen der Trauer liegt es, dass es vorrangig darum geht, Verluste zu verarbeiten. Ein mehr oder weniger wichtiger Bestandteil unserer selbst ist uns abhandengekommen, und damit müssen wir umgehen.

Die Phase der außengerichteten Aggression ebbt schnell wieder ab und wendet sich nach innen, wenn sie kein echtes äußeres Ziel findet.

Deutlich anders ist es, wenn es einen klar erkennbaren Verursacher für den Verlust gibt, einen Täter, wenn jemand uns beraubt, betrogen oder körperlich geschädigt hat. Hier steht in der emotionalen Verarbeitung dann die Auseinandersetzung mit dem Täter im Vordergrund. Wenn Möglichkeiten der Wiedergutmachung ausgeschöpft sind, bleibt oft noch viel Vergebungsarbeit zu leisten. Vergebung heißt, ein Unrecht, das mir zugefügt worden ist, endlich loslassen zu können, um meine Energie wieder für neue Herausforderungen einsetzen zu können. Nur dadurch können Opfer schwerer Verletzungen ihr Leben „entgiften", indem sie die Kette des Hasses, die sie immer noch an den Täter fesselt, endlich fallen lassen. Das ist allerdings ein schwerer und oft langwieriger Prozess, der viel von dem verlangt, der ihn durchläuft. Der Gewinn ist aber, dass eine echte Befreiung möglich wird.

Menschen, die mit Absicht und unrechtmäßig geschädigt wurden, müssen allerdings außerdem mit dem Verlust an sich umgehen. Es wird auch bei ihnen begleitend ein Trauerprozess im eigentlichen Sinne stattfinden. Der Prozess der Vergebung und der Trauer hat viele Parallelen. Ausgangspunkt bei beiden ist, dass Menschen durch den Verlust ein wichtiges Stück ihrer Identität genommen wurde. Oft können Betroffene dies nur im Nachhinein in seiner ganzen Bedeutung einschätzen. Vielleicht hätten sie selbst gar nicht gedacht, dass ihnen ein Mensch so fehlen würde oder dass ihnen z. B. ein bestimmter Erfolg, der ihnen verweigert wurde, so wichtig gewesen wäre.

> Vergebung heißt, ein Unrecht, das mir zugefügt worden ist, endlich loslassen zu können, um meine Energie wieder für neue Herausforderungen einsetzen zu können.

Aber jetzt ist es passiert – und unsere Seele hat eine Menge Arbeit zu leisten.

In Bezug auf Bindungen zu Menschen wird diese Identifikation am deutlichsten und ist ein dynamischer Prozess.

> Der andere, der mich bestätigt, mich mag, mir Rückmeldungen gibt, stützt wesentlich ab, was ich selbst über mich denke.

Der andere, der mich bestätigt, mich mag, mir Rückmeldungen gibt, stützt wesentlich ab, was ich selbst über mich denke. Menschen gewöhnen sich auch schnell daran, die Fähigkeiten und Möglichkeiten des anderen mit in Anspruch zu nehmen, wenn er es ihnen willig anbietet, als ob sie zu ihnen gehörten. Sie identifizieren sich nicht nur mit ihren eigenen Leistungen, sondern auch mit dem, was sie in Zusammenarbeit mit dem anderen erreichen.

Das gibt es am Arbeitsplatz, in Freundschaften, aber am weitaus intensivsten in langjährigen Partnerschaften. Da hatten beide vielleicht immer das Gefühl, dass sie ihre Angelegenheiten bestens geregelt bekommen. Sie kennen aber vermutlich auch Geschichten aus dem Bekanntenkreis, wo der Zurückgebliebene erst einmal grundlegende Fähigkeiten erlernen musste, als sein Partner gestorben war. Er hatte bestimmte Aufgaben jahrzehntelang der Partnerin / dem Partner überlassen. Ein Witwer lässt sich vielleicht endlich einmal die Waschmaschine erklären und übt Kochen, eine Frau muss sich das erste Mal darum kümmern, wie sie eigentlich versichert ist oder wie man eine Autowaschanlage bedient. Schon Scheidungen werden durch solche Probleme für beide oft erheblich kompliziert.

Natürlich gibt es zunehmend auch ganz andere Kombinationen von Aufgabenverteilungen, die nicht den althergebrachten Rollenklischees entsprechen. Man könnte auch darüber diskutieren, ob es nicht nützlich wäre, als Erwachsener grundsätzlich darauf zu achten, in allen wichtigen Lebensdisziplinen wenigstens einigermaßen zurechtzukommen. Hier soll es aber nur um die Grundtatsache gehen: In langjährigen Partnerschaften gewöhnen sich beide daran, sich auf den anderen zu verlassen, und es bildet sich eine Art Gemeinschafts-Ich, das auch viel Sicherheit und Geborgenheit in der Welt bietet. Mindestens so wichtig wie die praktischen sind dabei auch die emotionalen Aufgaben, die mit unterschiedlicher Verteilung übernommen werden: wer z. B. mehr die Seite der Zukunftsplanung und Absicherung vertritt, wer mehr die auch nötige Unbekümmertheit und Zuversicht in die Beziehung bringt. Oder wer mutiger vorangeht und wer den Bestand sichert, wer sich mehr um

Beziehungen nach außen kümmert und wer mehr das Familienleben betont – usw. Auch gemeinsame Hoffnungen und Fantasien stärken bei beiden den Selbstwert.

Bei vielen Menschen ist dieses Gefühl der Erweiterung des eigenen Selbst am stärksten gegenüber eigenen Kindern ausgeprägt. Dass Mütter zu einem Säugling, der in ihrem Körper herangereift ist und der die Milch trinken möchte, die ihre Brust produziert, eine symbiotische Beziehung haben, erklärt sich fast von selbst. Das Heranwachsen des Kindes ist, wenn es auf eine gute Weise verläuft, von einem Prozess beständigen Loslassens begleitet, der dem Kind entsprechend seinen Fähigkeiten zunehmend mehr Freiheit lässt. Neben aller Freude (und allem Alltagsärger) muss dabei auch immer wieder Trauer geleistet werden. Völlig abgeschlossen ist das Loslassen, der Verlust des Kindes als Erweiterung unserer selbst, aber eigentlich nie. Wenn Kinder sterben, z. B. durch einen Unfall, bedeutet das für die Eltern einen sehr schweren Einschnitt in dieses gemeinsame Ich, das das Kind mit umfasste. Je stärker die Identifikation noch war, desto un-

> Bei vielen Menschen ist das Gefühl der Erweiterung des eigenen Selbst am stärksten gegenüber eigenen Kindern ausgeprägt.

erträglicher und quälender ist der Verlust. Meiner Erfahrung nach ist es für Eltern am schwersten, wenn Kinder im vorpubertären Alter versterben, also schon über Jahre eine intensive Bindung gewachsen ist, aber vom Kind aus noch keine ernsthaften Ablösungsbestrebungen zu spüren waren.

> Für Eltern ist es am schwersten, wenn Kinder im vorpubertären Alter versterben.

Pubertät bedeutet für Eltern neben allen Einzelaufregungen vor allem Verlustschmerz, Trauer. Für die Jugendlichen spielt dieser Schmerz übrigens eine wohl ebenso große Rolle, auch wenn ja sie diejenigen sind, die sich verändern, die sich ablösen. Pubertäre Ablösung hat viel mit der Enttäuschung darüber zu tun, dass auf der neuen körperlich-psychischen Ebene, auf der sich die Heranwachsenden befinden, nicht mehr das unmittelbare Verstehen, das fraglose Zusammengehören mit den Eltern möglich ist wie in früheren Jahren. Jugendliche suchen es oft über viele Jahre noch immer wieder einmal, werden aber ebenso oft mehr oder weniger von ihren Eltern (die sich nicht mitgeändert haben) enttäuscht. Auch in Gesprächen mit Studierenden, die ihre Eltern in den Semesterferien besuchen, stelle ich fest, dass sich bei vielen immer wieder vor dem Heimfahren diese Hoffnung auf umfassende Geborgenheit, sprich Symbiose, erneut einstellt – und dann zu Hause prompt einmal mehr enttäuscht wird. Eigene Person werden, erwachsen werden, geht leider nicht anders.

Nun ist Ablösung von den Eltern ja glücklicherweise nur bis zu einem gewissen Grade notwendig und gesund. In der Regel findet sie auch nur bis zu diesem Punkt statt. Aber das bedeutet auf der anderen Seite auch, dass der endgültige Abschied von Kindern oder Eltern lebenslang ein schwerer Verlust bleibt.

Ähnlich schwer wie der Verlust minderjähriger Kinder kann für den Zurückgebliebenen nur noch der unerwartete Verlust eines geliebten Partners wiegen. Betroffene beschreiben es denn auch so, dass sie sich fühlen, als ob etwas von ihnen selbst weggebrochen sei, oder als ob sie eine riesige offene Wunde hätten. Ihre Identität ist zutiefst betroffen.

Nun könnte man sich ja – jedenfalls von einem theoretischen Standpunkt aus – fragen, ob diese schweren, manchmal fast lebenszerstörenden Verlusterlebnisse nicht zu vermeiden wären. Da allerdings sicher ist, dass wir im Laufe des Lebens Menschen verlieren, weil das Sterben zum Menschsein dazugehört, gäbe es hier nur eine Möglichkeit: sich auf keine engeren Beziehungen einzulassen.

Genau das versuchen auch einige Menschen unbewusst, es ist sozusagen eine Kurzbeschreibung der schizoiden Störung. Aber das ist eben wirklich eine Störung, die zu einer starken Einschränkung der Lebensfreude führt.

Denn was ist Leben im besten Sinne anderes als das Glück, das wir in Beziehungen erleben? In Beziehungen zu Freunden, zum Partner und zu Kindern. Wer das vermeidet, vermeidet das Leben. Es ist wie in der Geschichte vom Fuchs in Saint-Exupérys „Kleinem Prinzen". Der sagt dem Kleinen Prinzen schon am Anfang ihrer Beziehung voraus, dass er irgendwann den Schmerz der Trennung erleben wird, wenn er sich auf ihn einlässt – „zähmen" nennt er das. Aber er sagt ihm auch: „Und wenn du dich dann getröstet hast, wirst du froh sein, mich gekannt zu haben."

> Wer trauert, hat nichts falsch gemacht. Im Gegenteil: Dass er trauert, zeigt meistens, dass er etwas richtig gemacht hat.

Der Gewinn ist größer. Und Leben geht nicht anders. Es gibt keinen Weg, die Trauer zu vermeiden. Wer trauert, hat nichts falsch gemacht. Im Gegenteil: Dass er trauert, zeigt meistens, dass er etwas richtig gemacht hat auf dieser Welt!

Natürlich kann die Stärke der Trauer auch dadurch mitbedingt sein, dass unsere Erwartungen zu groß waren, dass unser Selbstbild mehr auf Wunschvorstellungen beruhte als auf Wirklichkeit und jetzt zusammengebrochen ist oder dass wir uns auf eine Weise oder in einer Intensität an einen Menschen gebunden haben, die nicht mehr gesund war. Vielleicht hatte eine zu starke Abhängigkeit unseren gegenseitigen Entfaltungsspielraum sehr eingeschränkt – bei aller Sicherheit, die die Beziehung gab. Von solchen Verflechtungen wird in Kapitel 8 noch die Rede sein.

All das wird im Verlust offenbar, und es muss verarbeitet werden. Trotzdem ändert das nichts an der Tatsache, dass Beziehungen und Bindungen das sind, was unserem Leben Sinn gibt.

Wer im Nachdenken an diesen Punkt gekommen ist und gleichzeitig die Feststellung macht, dass alle Beziehungen endlich und gefährdet sind, dem drängt sich die Frage nach einer unverlierbaren Beziehung auf.

> Beziehungen und Bindungen sind das, was unserem Leben Sinn gibt.

Eine Antwort lässt sich nur auf spiritueller Ebene finden. Die entscheidende Frage in diesem Bereich ist nicht, ob es möglicherweise einen Gott gibt. Es geht vielmehr

darum, ob Gott uns schon in diesem Leben Beziehungspartner werden kann, mit dem wir in alltäglichem Kontakt
leben. Ich habe dazu an anderer Stelle mehr geschrieben.
(Grabe: Die Alltagsfalle. Warum es
sich lohnt, über den Sinn des Lebens nachzudenken. Verlag der
Francke-Buchhandlung)

> Kann Gott
> uns in diesem
> Leben Bezie-
> hungspartner
> werden, mit
> dem wir in all-
> täglichem Kon-
> takt leben?

Je nachdem, wie stark Menschen
im Bewusstsein einer Gottesbeziehung leben, können sie vielleicht
manche Bindung dadurch in ihrer
Bedeutung relativieren. Das gilt
insbesondere für materielle Dinge
wie Haus oder Auto. Sie brauchen
entsprechend weniger Verlust-
ängste zu haben bzw. müssen, wenn der Verlust passiert
ist, weniger Trauerarbeit leisten. Gleichzeitig gilt aber
auch, dass gerade ein tiefer Glaube oft erst das nötige
Vertrauen dafür liefert, sich wirklich auf vielfältige mit-
menschliche Beziehungen einzulassen. Und dann bleiben
einem auch Trauerprozesse nicht erspart.

Die weitaus verbreiteste Haltung dem Abschiednehmen-
müssen und Sterbenmüssen gegenüber ist, es so gut wie
möglich zu verdrängen bzw. aus dem Blickfeld zu verban-

nen. Man spricht nicht darüber. Nur wo dieses Tabu nicht eingehalten wird, können Menschen bewusster leben. Sie nehmen ihr Leben in seiner Endlichkeit auf dem Hintergrund der Unendlichkeit wahr.

> Trauer ist ein wichtiger seelischer Prozess, der darauf hinweist, dass ein Mensch lebendig und beziehungsfähig ist.

Letztlich läuft dann auch immer ein ganz klein wenig Trauerarbeit mit, begleitet sie, eine Bewusstheit des Abschiednehmenmüssens. Für Menschen, die glauben, wird diese allerdings aufgewogen durch die Hoffnung und die Zuversicht in eine Zukunft mit Gott. In jedem Fall wird gerade durch das Wahrnehmen der Begrenztheit das Leben in seiner Farbigkeit viel kostbarer, ist spürbar mehr wert, als wenn es selbstverständlich vorüberrauscht. Und reale Abschiede sind vorbereitet, wenn sie denn kommen.

Um es noch einmal zu sagen: Trauer ist ein wichtiger, weiterführender seelischer Prozess, der primär darauf hinweist, dass ein Mensch lebendig und beziehungsfähig ist. Dass es dabei auch Probleme und Fehlentwicklungen geben kann, ist ein anderes Thema, auf das ich später noch eingehe.

3. Trauer als Prozess

Aber wie geht der Prozess der Trauer denn nun vor sich? Was ist mit „Trauerarbeit" gemeint? Oder anders gefragt: Wie arbeitet die Trauer mit uns?

Elisabeth Kübler-Ross war die Erste, die in den 60er-Jahren eine Theorie der Trauer entwickelt hat. In ihrem bekannten Buch „Interviews mit Sterbenden" stellt sie ihre umfangreichen Untersuchungen über Trauerarbeit bei Krebspatienten dar, die wussten, dass sie weit vor dem natürlichen Alter würden sterben müssen. Inzwischen gibt es zahlreiche Untersuchungen der Trauer, wo verschiedene Autoren jeweils ihre eigenen, auf den ersten Blick recht verschiedenen Phasenmodelle aufgestellt haben. Bei näherem Hinsehen lassen sich die meisten aber unschwer auf das von Kübler-Ross beschriebene Grundmodell zurückführen, weshalb ich mich im Folgenden auch an die dort verwendeten Bezeichnungen halte.

Bei den genannten jüngeren unheilbar kranken Krebspatienten handelt es sich um die schwerste Form des Verlustes, die denkbar ist: das eigene Sterben. Betroffene müssen sich darauf einstellen, alles loslassen zu müssen, was sie im Laufe ihres Lebens erworben haben und was ihnen wertvoll geworden ist.

Die meisten Menschen müssen die Trauerarbeit über das Sterben, diesen vollständigen Verlust, nicht in vollem Umfang leisten, oder sie haben wenigstens viel Zeit dazu. Wer durch einen Unfall oder eine akut verlaufende Krankheit früh stirbt, kommt nicht dazu, bewusst an seinem Abschied Anteil zu nehmen, ebenso wenig wie ein alter Mensch, der langsam eine Demenz entwickelt. Wer bewusst alt wird, hat Jahrzehnte Zeit, hier und da Verluste seiner Fähigkeiten und Verluste von Bezugspersonen zu betrauern, auch wenn das in jedem Fall eine Herausforderung und eine Leistung ist.

Menschen, die in jüngerem Lebensalter von einer unheilbaren Krebskrankheit betroffen sind, haben diese Möglichkeiten nicht. Sie müssen sich fast unvermittelt mit der Gesamtheit eines vollständigen Abschieds auseinandersetzen.

> Wer bewusst alt wird, hat Jahrzehnte Zeit, hier und da Verluste zu betrauern.

In sehr vielen Interviews stellte Kübler-Ross fest, dass die Trauer darüber fast immer in typischen Phasen abläuft und dass sie auch in dieser extremen Situation einen sinnvollen und produktiven Prozess darstellt. Die Phasen können sich durchaus zeitweise überlagern, einander abwechseln, oder es kann auch eine länger anhaltende Bewegung in ein vorhergehendes Stadium geben, was aber nichts an dem generellen Ablauf ändert. Manchmal ist auch nicht mehr ausreichend Zeit vorhanden, dass alle Phasen bis zum Ende durchlaufen werden können. In den weitaus meisten Fällen gelang es aber den Patienten, die sie begleitete.

> Ein Krebsdiagnose kann bedeuten, dass sich ein Mensch fast unvermittelt mit einem vollständigen Abschied auseinandersetzen muss.

Das Anfangsstadium ist das „**Nicht-Wahrhaben-Wollen**". Menschen wollen die Diagnose nicht glauben und gehen dem Thema ganz aus dem Weg. Es gibt immer wieder Patienten, die, nachdem eine Krebsdiagnose gestellt wurde oder der Verdacht geäußert wurde, einfach nicht mehr zu weiteren Untersuchungen erscheinen. „Es kann einfach nicht sein, dass ich so etwas habe, ich fühle mich doch ganz okay." Sie versuchen noch eine Zeitlang, so zu leben, als hätten sie nie etwas von dieser Diagnose gehört.

Wenn sich die Diagnose dann nicht mehr verheimlichen lässt, insbesondere bei Zunahme der Symptome, treten Betroffene in das Stadium der „**Aggression**", des Zorns: Sie suchen geradezu nach Gegnern, gegen die sie kämpfen können. Das kann die Krankenkasse sein, die ihren Antrag nicht schnell genug bearbeitet. Oder der Arzt, der bei der vorletzten Routineuntersuchung nichts gemerkt hat, vielleicht eine Teiluntersuchung vergessen hat. Oder der bekannte Spezialist, der nicht schon diese Woche einen Termin frei hat. Das Gefühl dabei ist: Wenn sich das Gesundheitssystem, wenn meine Krankenkasse nicht so langsam und bürokratisch wäre, wenn meine Ärzte nicht so inkompetent wären, dann wäre ich gar nicht so krank geworden, dann ginge es mir jetzt schon viel besser. Entsprechend wütend wird diese Versorgung dann eingefordert.

Irgendwann, meist schon bald, wird aber deutlich, dass die Aggression weder die Behandlung voranbringt, noch dass sich dadurch die Diagnose ändert.

Das nächste Stadium ist das des „**Verhandelns**". Die Angst beginnt zu überwiegen. „Verhandeln" ist die Suche nach Kompromissen, der Versuch, unter Berücksichtigung der Realität noch das Optimum herauszuschlagen. „Wenn ich die abgelehnte Behandlung nun selbst bezahlen würde, würde das etwas an meinen Chancen verbessern?"

Heutzutage recherchieren Patienten oft nächtelang im Internet und werden zu richtigen Experten in Bezug auf ihre Krankheit. Gab es anfangs vielleicht noch neue Entdeckungen, müssen sie irgendwann aber auch feststellen, dass sich die Aussagen wiederholen, dass keine grundsätzlich neuen Erkenntnisse durch immer weitere Suche zu bekommen sind. Ihre Krankheit und deren Prognose sind ein Faktum, das letztlich durch alles Recherchieren nur immer weiter bestätigt wird.

Das „Verhandeln" hat seine Grenzen. Trotz aller Bemühungen, obwohl alles Erreichbare herangezogen wird, wird meist deutlich, dass am grundsätzlichen Verlauf der Krankheit nur sehr bedingt etwas zu machen ist und dass sie wahrscheinlich tödlich endet.

> „Verhandeln" ist die Suche nach Kompromissen, der Versuch, unter Berücksichtigung der Realität noch das Optimum herauszuschlagen.

Es folgt das Stadium der „**Depression**". Betroffene fühlen sich als preisgegebenes Opfer ihrer Krankheit. Sie haben die eigenen Anstrengungen aufgegeben und kommen sich aufgegeben vor. Immer wieder müssen sie darüber nachgrübeln, was alles durch die Krankheit nicht mehr möglich ist, wie eingeschränkt ihr Bewegungsradius ist, was sie sich alles nicht mehr leisten können, welche ehemaligen Freunde sich nicht mehr gemeldet haben. Ihr Erleben ist vom Verlust gekennzeichnet, und dieses Erleben von Verlust besetzt ihr gesamtes Denken und Fühlen. Sie haben kaum Möglichkeit, in dieser Zeit in ihrer Umgebung auch das wahrzunehmen, was ihnen durchaus noch zur Verfügung steht. Sie sind emotional kaum erreichbar für andere, die ihnen helfen wollen. Hinzu kommen Selbstanklagen: Was habe ich falsch gemacht, wo habe ich falsch gelebt, dass ich jetzt so krank geworden bin? Ich habe doch gewusst, dass man sich gesünder ernähren muss, warum habe ich immer nur gearbeitet? Diese Phase ist meist die zeitlich längste und kann bei schwersten Verlusten Monate bis Jahre dauern. Immer wieder wird es aber auch zu Wechseln mit den benachbarten Phasen kommen, auch mit der „Aggression".

Glücklicherweise ist aber auch dieses Stadium nicht das letzte. Fast immer gelingt es, in das Stadium der „**Annahme**" zu gelangen, auch wenn Außenstehende vielleicht sagen würden, dass es realistisch gesehen überhaupt keinen Grund dafür gibt, die Depression noch einmal zu verlassen. Der Verlust kann ja nicht mehr gut gemacht oder ausgeglichen werden.

Im Stadium der Annahme können Menschen aber annehmen, dass ihr Leben begrenzt ist, zum Teil sehr begrenzt, und doch gleichzeitig auch dasjenige neu wahrnehmen und genießen, was noch vorhanden ist. Familienbeziehungen und Naturerleben bekommen oft eine ganz neue und vertiefte Bedeutung. Trotz ihrer äußerlich einge-

> Im Stadium der Annahme können Menschen akzeptieren, dass ihr Leben begrenzt ist.

schränkten Lebensmöglichkeiten sagen viele Betroffene, dass sie glücklicher sind, als sie es vor der Krankheit waren.

Das begegnete mir auch in vielen Gesprächen, die ich selbst mit Tumorpatienten geführt habe. Viele von ihnen, obwohl z. T. im medizinischen Sinne unheilbar krank, waren dennoch im Stadium der Annahme angekommen. Ich habe mehrfach gehört, wie Betroffene sagten, wenn sie die Wahlmöglichkeit hätten, entweder wieder in ihr Leben vor der Erkrankung zurückzukehren oder so zu leben wie jetzt mit der Krankheit, würden sie sich für die zweite Möglichkeit entscheiden. Natürlich würden sie am liebsten gesund sein *und* so leben wie im jetzigen Zustand. Aber wenn es nur die oben genannte Alternative gäbe, würden sie den Jetztzustand wählen. Eine für Gesunde kaum fassbare Aussage. Aber sie zeigt, welche Überzeugungskraft dieses Stadium der Annahme hat und welchen Gewinn es für Menschen bedeuten kann. Wir kommen in Kapitel 6 darauf zurück.

Trauerprozesse können nun allerdings unter sehr unterschiedlichen Umständen ablaufen. Die Untersuchungen von Kübler-Ross beschäftigten sich mit der maximal vorstellbaren Trauersituation, nämlich dem vollständigen Verlust. Die von ihr definierten Phasen lassen sich aber in beliebigen, auch weniger ausgeprägten Trauersituationen nachweisen. Dafür sollen hier noch einige Beispiele folgen.

Schon in den eher harmlosen Trauersituationen der Anfangsbeispiele (Hammerschlag und beendete Freundschaft) haben wir sehen können, dass dort zumindest die Phasen Aggression und Depression aufeinander folgten, und wir können davon ausgehen, dass, besonders im ersten Beispiel, auch relativ bald die Annahme erreicht wurde.

Das Berufsleben ist ein Bereich, der gekennzeichnet ist von zahlreichen kleineren und manchen größeren Trauersituationen. Das hängt damit zusammen, dass viele Menschen,

> Trauerprozesse können unter sehr unterschiedlichen Umständen ablaufen.

Männer in unserem kulturellen Rahmen vielleicht mehr als Frauen, am Beruf viel ihres Selbstwertgefühls festmachen. Misserfolge oder Rückschläge sind dann empfindliche Kränkungen. Es ist sozusagen der Bereich Ehre, der hier besonders verletzbar ist. Eine im Berufsleben extreme Trauersituation tritt dann ein, wenn ein mit seiner Arbeit stark identifizierter Mitarbeitender unvorhergesehen seine Stelle verliert.

Stellen Sie sich einen vielbeschäftigten Manager eines Versicherungskonzerns vor, nennen wir ihn Klaus B. Wegen seines großen Aufgabenbereichs war er ständig unterwegs, und wenn er zu Hause war, arbeitete er oft auch dort bis in die Nacht am Schreibtisch. Er hatte immer das Gefühl, einen guten Draht zum Vorstand zu haben und über die Vorgänge im Unternehmen auf dem Laufenden zu sein. Jetzt erfährt er plötzlich, dass sein Aufgabenbereich outgesourct wird und er eine betriebsbedingte Kündigung bekommen soll. Er wird – und muss – jetzt die typischen Stadien der Trauerarbeit durchlaufen. Wahrscheinlich wird er zunächst gar nicht glauben können, was er da hört. Er wird erst einmal den Kontakt zu Vorgesetzten suchen, die er gut kennt, immer noch in der Hoffnung, dass sich alles als nicht so gravierend herausstellt und er selbstverständlich nicht vergessen wurde in den Umstrukturierungen. Dabei stellt sich nun allerdings schnell heraus, dass der etwas verlegene und herumdrucksende Vorgesetzte auch keine besseren Nachrichten für ihn hat und offensichtlich dieser Umstrukturierung zugestimmt hatte.

Klaus B. wird jetzt in das Stadium der Aggression geraten. Der Vorgesetzte wird sich einiges anhören müssen, das in diesem Ton zwischen ihnen noch nie gesagt wurde. Damit ist es aber nicht genug. Klaus B. nimmt Kontakt zu einem ihm bekannten Rechtsanwalt auf, gleichzeitig holt er sich einen Termin beim Betriebsrat. Er erfährt dann auch, dass vom Betriebsrat aus Mitarbeiterversammlungen angesetzt sind, die er selbstverständlich auch besucht und dort allerhand scharfe Worte findet für solch eine Behandlung verdienter Mitarbeitender.

Ziemlich bald allerdings bekommt Klaus B. von seinem Rechtsanwalt signalisiert, dass er bei der gegebenen Konstellation grundsätzlich wenig Chancen auf Fortsetzung des Arbeitsverhältnisses habe. Letztlich hat der Betriebsrat auch keine besseren Nachrichten. Gemeinsam mit den betroffenen Kolleginnen und Kollegen überlegt Klaus B., was sie unter diesen Umständen denn noch an Möglichkeiten haben. Letztlich ist es nur die Aussicht darauf, eine einigermaßen vorteilhafte Abfindung herauszuhandeln. Auch hier ist Klaus B. noch engagiert dabei, sucht nach vergleichbaren Fällen im Internet und unterstützt den Betriebsrat. Aber auch hier gibt es einen Schlusspunkt: Die

Abfindung steht irgendwann fest. Es gibt nichts mehr zu tun. Das Verhandeln führt nicht mehr weiter.

So sitzt Klaus B. nun zu Hause. Eine neue Stelle ist nicht in Sicht. Er weiß auch, dass es nicht gerade glücklich ist, sich aus der Arbeitslosigkeit heraus bewerben zu müssen.

Er stürzt ab in die Depression. Alles erscheint sinnlos und grau. Es gibt viele Fragen, mit denen er sich quält und die er nicht beantworten kann. Warum hat er denn so wahnsinnig viel gearbeitet? Für wen? Wo ihn die Firma jetzt so kühl vor die Tür setzt! Er kennt viele Kollegen, die sich längst nicht so angestrengt haben, denen es ganz egal war, wie effektiv ihre Arbeit war, die nur mit ein paar Tricks dafür sorgten, dass ihre Zahlen ganz gut aussahen. Warum hat er seine Familie über Jahre so vernachlässigt? Warum hat er nie ein richtiges Hobby gehabt?

Und dann kommen noch massive Selbstzweifel. Warum hat man ihn denn nicht übernommen? Hatte er sich die ganze Zeit nur eingebildet, dass er gute Arbeit macht? Was war besser an den anderen, die bleiben durften?

Zunächst unmerklich, kommt Klaus B. aber dann immer mehr im Stadium der Annahme an.

Er hat das Glück, dass seine Familie über der vielen Arbeit noch nicht zerbrochen ist. Und trotz allen Kummers über vergebliche Bewerbungen beginnt er auf der anderen Seite auch, die neuen Möglichkeiten zu schätzen, die ihm die momentane Arbeitslosigkeit bietet. Plötzlich kann er die Kinder mal von der Schule abholen, mit seiner Frau beim Kaffee alle Angelegenheiten in Ruhe besprechen und gemeinsam etwas unternehmen. Wenn er wieder in den Beruf einsteigt, hat er vielleicht eine wichtige Lektion gelernt: dass es lohnt, in seine Familie zu investieren, und nicht nur in die Arbeit. Er kann das auch selbst so benennen. Der vermeintliche „Schicksalsschlag" hat ihm eine wesentliche und hilfreiche Lebenseinsicht eröffnet.

Ebenso kann der Abschied von materiellen Errungenschaften, die uns sehr wichtig waren, echte und tiefe Trauerarbeit erfordern. Hier geht es vordergründig um den Verlust von Besitz, immer steht dahinter aber auch ein Verlust im Bereich Ehre, wenn wir ein Prestigeobjekt hergeben müssen. Was werden die Nachbarn dazu sagen?!

Der Abschied von materiellen Errungenschaften kann echte und tiefe Trauerarbeit erfordern.

Auch hierzu ein Beispiel:
Familie G. hat sich mit ihrem Eigenheim restlos übernommen. Genau gesagt, war es vor allem der handwerklich geschickte Herr G., der sich schon in der Planung einfach

zu viel Eigenleistung zugetraut hatte. Es hätte nach seinen Einschätzungen gerade so klappen können, allerdings durfte auch nichts dazwischenkommen. Wie immer beim Hausbau kam aber allerhand dazwischen. Schon der Rohbau, den die Familie von einer Firma erstellen ließ, wurde deutlich teurer als geplant. Das lag unter anderem daran, dass sich die Vorarbeiten für den Keller als wesentlich aufwendiger herausstellten, als man vorher hatte wissen können. So steht die Familie vor der Situation, dass schon mit dem Rohbau praktisch kein Geld für externe Handwerkerleistungen mehr da ist. Zu dem Zeitpunkt traut sich Herr G. die Fertigstellung des Hauses aber noch zu. Wenn einige Freunde und sein Vater helfen würden, müsste es doch zu schaffen sein.

Er arbeitet unglaublich hart. Fast jeden Tag, wenn er von seiner regulären Arbeit zurück ist, steht er auf der Baustelle. Weil der Mietvertrag für die Wohnung ausläuft und die finanzielle Doppelbelastung auch nicht mehr tragbar ist, zieht die Familie in das neue „Haus". Status: Rohbau, der gerade Fenster bekommen hat und wo eine Küche und zwei Schlafzimmer sehr provisorisch hergerichtet wurden. Alle hatten unterschätzt, wie nervenaufreibend es ist, über längere Zeit auf solch einer Baustelle zu leben. Frau G. hilft nach Kräften mit und versucht gleichzeitig den Kindern gerecht zu werden. Sie merkt aber auch, wie ihre Unzufriedenheit und ihr Groll gegen ihren Mann ansteigen. Was mutet er ihr eigentlich zu? Hatte er nicht gesagt, dass er das hinbekommt? Sollte nicht das Haus am Ende des Jahres fertig sein?

Beide reden ständig über den Bau. Sie überlegen hin und her, ob sie versuchen sollen, einen Zusatzkredit zu bekommen, um das Haus doch von Handwerkern fertigstellen zu lassen, auch wenn das eigentlich ihre finanziellen Kräfte übersteigt.

Allerdings verliert Herr G. dann auch noch seine gut bezahlte Stelle und muss einen schlechter dotierten Job antreten. Es ist ein schwerer Kampf, durch den diese Familie hindurch muss. Alle hatten sich mit dem Neubau identifiziert, und alle haben auch schon viel Arbeit und Nerven investiert. Die Einsicht ist aber unabweisbar: Wir können das Haus nicht halten. Es ist viel Trauerarbeit zu leisten. Zuerst ist es Herrn G. auch seinen Eltern und einigen Bekannten gegenüber unendlich peinlich. Er fühlt sich als Versager. Monatelang sitzt er nur herum, viel vor dem Fernseher, die Baustelle steht völlig still. Dann endlich steht der Entschluss fest, dass verkauft wird.

Wenn man Familie G. zwei Jahre später anspricht – inzwischen haben sie eine ordentliche und geräumige Mietwohnung gefunden –, sagen alle, wie froh sie sind, das Ganze endlich hinter sich zu haben. Den Eltern wird noch jetzt „ganz anders", wenn sie sich vorstellen, dass sie auf Jahre hinaus jedes Wochenende auf der Baustelle hätten verbringen müssen. Stattdessen sind sie diesen Sommer seit Langem das erste Mal wieder richtig in den Urlaub gefahren.

Diese Familie hat gemeinsam die Stadien von Nicht-Wahr-haben-Wollen über Aggression (in Form von Arbeitswut), Verhandeln (in Form des Nachdenkens über Alternativen), Depression und schließlich Annahme durchstanden.

Und wie ist es mit der klassischen Trauersituation, an wel-che die meisten vermutlich als Erstes denken, wenn von Trauer die Rede ist: wenn ein uns lieber Mensch stirbt?

Auch hier gibt es die Trauerphasen. Allerdings ist der Ver-lauf sehr davon abhängig, wie viel Zeit Angehörigen und Freunden zur Verfügung steht, und auch davon, ob der Sterbende subjektiv sein Leben hat zum Abschluss bringen können, „vollenden" können, oder ob er mehr oder weni-ger herausgerissen wird.

Geht es um die Begleitung sehr alter Menschen, wo Stück um Stück ein Nachlassen der Fähigkeiten zu beob-achten ist, dann wird die Trauerarbeit über den nahenden Abschied überwiegend schon in der Begleitung geleistet. Das „Verhandeln" spielt hier eine große Rolle: Wo kann der alternde Mensch eine Hilfe gebrauchen, wo kann ihm ein Stück Bewegungsfreiheit möglich gemacht werden, wo kann er eine liebgewordene Gewohnheit noch ein Stück weiterführen? Aber es gilt auch, Lebensbereiche endgültig zu verabschieden. Der Radius des Möglichen wird im hohen Alter sehr klein. Auch die alten Menschen leisten diese Trauerarbeit über Jahre und sind oft von ihrem Gefühl her irgendwann wirklich bereit zu gehen. Viele sagen es auch. Der endgültige Abschied ist immer noch ein Schmerz, aber wir können sie gehen lassen.

In der Begleitung sehr alter Menschen wird die Trauerarbeit über den nahenden Abschied überwiegend schon in der Begleitung geleistet.

Völlig anders ist es, wenn junge Menschen sterben müssen oder Menschen plötzlich aus dem Leben gerissen werden. Hier laufen keine geordneten Trauerphasen ab, sondern Angehörige werden ebenso plötzlich von einer Mischung heftigster Gefühle überrannt, sodass es kaum zu ertragen ist. Es ist brennender Schmerz, Wut, Verzweiflung; es sind Anklagen gegen uns und gegen Gott oder das Schicksal; es gibt auch die Lähmung, ein Unwirklichkeitsgefühl, ein Zweifeln an der Realität des Ganzen. Besonders anfangs geht diese Form von Nicht-Wahrhaben-Wollen mit Aggression und Depression wild durcheinander. Dann wieder gelingt es unserer Psyche, das ganze Thema vorübergehend zu verdrängen, wegzuschließen. Wir interessieren uns zwischendurch für völlig belanglose Dinge, lesen Zeitung oder lachen über einen unwichtigen Witz – bis die Gefühle wieder über uns hereinbrechen und wir gar nicht fassen können, uns dafür schämen, wie wir uns gerade eben noch mit so etwas Unwichtigem haben beschäftigen können. Der Schmerz kann zeitweise fast unerträglich sein. Betroffene beschreiben es oft wie eine riesige offene Wunde, als ob uns ein Stück unserer selbst herausgerissen worden ist.

> Wenn Menschen plötzlich aus dem Leben gerissen werden, laufen keine geordneten Trauerphasen ab.

Besonders in diesem akuten Stadium der Trauer merken Menschen, dass nicht sie den Trauerprozess steuern, sondern die Trauer sie. Das ist eine Erkenntnis, die besonders von eher rationalen und überlegt handelnden Menschen erst einmal angenommen werden muss. Ein Mann weiß nicht recht, wie ihm geschieht, wenn er in einer Situation unter Bekannten plötzlich losheult. Irgendetwas hatte ihn unvermutet an einen bestimmten Aspekt der oder des Verstorbenen erinnert. So etwas ist ihm in seinem Leben noch nicht passiert. Er hat überhaupt fast nie weinen müssen. Im guten Fall akzeptiert er es einfach. Er ist „in Trauer"! Das muss auch einmal möglich sein. Es ist noch nicht sehr lange her, da trugen nahe Angehörige in einem Trauerfall ein ganzes Jahr lang schwarze Kleidung, um ihre besondere Situation nach außen deutlich zu machen. Aber auch, wenn wir heute sehr bald wieder modisch und farbig herumlaufen, geht es uns innerlich doch nicht anders als den Menschen zwei Generationen vor uns.

> Der Schmerz kann zeitweise fast unerträglich sein, als ob uns ein Stück unserer selbst herausgerissen worden ist.

Aber auch in diesen schweren Trauersituationen kommt es im Laufe der Zeit – manchmal braucht der Prozess Jahre – zu einer Beruhigung. Und zu mehr als dem. Ich habe immer wieder von Menschen, die solch heftige Trauererfahrungen haben machen müssen, gehört, dass sie daran wie an nichts anderem in ihrem Leben gereift sind. Bei gläubigen Menschen können solche schweren

Trauerprozesse auch bedeuten, die Begrenztheit des Lebens und die Erwartung eines ewigen Lebens viel stärker in ihr Alltagsbewusstsein einzubeziehen. Sie würden nie wieder hinter diese größere Bewusstheit zurück wollen.

Beim „Nicht-Wahrhaben-Wollen" geht es um den intensiven Versuch unserer Psyche, einen absolut unerwünschten Inhalt nicht an uns heranzulassen.

4. Nicht-Wahrhaben-Wollen und Aggression

Im vorigen Kapitel ging es mir vor allem um die Schilderung der Trauer als Prozess, als phasisches Geschehen, das in sehr verschiedenartigen Trauersituationen erkennbar ist. In diesem und den beiden nächsten Kapiteln möchte ich jetzt näher auf die einzelnen Phasen eingehen. Was sind ihre Hintergründe, wie wirken sie und was ist jeweils hilfreich für Betroffene?

Beim „Nicht-Wahrhaben-Wollen" geht es offensichtlich um den intensiven Versuch unserer Psyche, einen hochgefährlichen und absolut unerwünschten Inhalt nicht an uns heranzulassen, so lange es irgend geht.

Selbst bei kleinen Abschieden stellen wir fest, dass wir uns nicht so schnell darauf einlassen können, wenn sie sehr plötzlich sind. Fast

> Beim „Nicht-Wahrhaben-Wollen" geht es um den intensiven Versuch unserer Psyche, einen absolut unerwünschten Inhalt nicht an uns heranzulassen.

alle Menschen, denen eine schöne Keramikschale aus der Hand fällt und in zwei oder drei Teile zerbricht, nehmen diese noch einmal in die Hand und halten sie zusammen. Oft sieht die Schale in verblüffender Weise heil aus. Es ist noch gar nicht richtig zu glauben, dass sie sofort hoffnungslos auseinanderfallen wird, wenn wir sie loslassen.

Aber genau das müssen wir dann doch tun. Wir haben den Abschied immerhin ein bisschen hinausgeschoben.

Das Nicht-Wahrhaben-Wollen wird dadurch unterstützt, dass unser Gehirn darauf trainiert ist, für Wahrnehmungen außerhalb des Gewöhnlichen möglichst schnell irgendwelche alltäglichen Erklärungen zu suchen und uns anzubieten. Nur allzu gerne akzeptieren wir sie noch eine Weile, wenn sie nur einigermaßen glaubhaft sind. Wahrscheinlich ist es in den meisten Fällen durchaus ein nützlicher Hilfsmechanismus, durch den die volle Wucht der Erkenntnis ein bisschen abgefedert wird. Sie sickert erst nach und nach durch. Eine vollständige Verdrängung gelingt nämlich in der Regel nicht, es geht meist eher um ein Hoffen, dass die harmlose Erklärung die richtige sein möge. Im Untergrund sind aber viele bange Fragen aktiv und binden einen guten Teil der Lebensenergie.

So ist es bei den Tumorpatienten im Kapitel 3, aber auch bei dem Manager, der seine Kündigung noch nicht wahr-

> Unser Gehirn ist darauf trainiert, für Wahrnehmungen außerhalb des Gewöhnlichen möglichst schnell irgendwelche alltäglichen Erklärungen zu suchen und uns anzubieten.

haben will, und bei Familie G., die lange Zeit braucht, um sich an den Gedanken zu gewöhnen, dass alles eindeutig zu viel ist. Es geht in allen Fällen nicht darum, dass die Erkenntnis zwar ein Stück nach hinten verschoben wurde, der Absturz dann aber ebenso heftig ist, sondern es findet eher ein im Hintergrund laufender Prozess statt, der die nötigen Erkenntnisse weniger abrupt ins Bewusstsein dringen lässt.

Sehr plötzliche, sehr heftige Erkenntnisse und Erfahrungen, denen sie schutzlos ausgeliefert sind, können Menschen allerdings auch vorübergehend in einen dissoziativen Ausnahmezustand bringen. Es ist dann ein Gefühl da, wie neben sich zu stehen, die Umwelt als unwirklich zu erleben, auch kein richtiges Gefühl für sich selbst mehr zu haben. Hier geht es dann allerdings nicht um Verdrängen im obigen Sinne, sondern darum, dass ein Mensch akut überlastet ist von der Wucht des Erlebten und sein Gehirn in eine Art Totstellreflex verfällt. Nicht selten können solche Situationen dann auch nicht regulär vom Gehirn verarbeitet werden und es findet gewissermaßen eine Schnellspeicherung in Hirnarealen statt, die dafür gar nicht vorgesehen sind. Wenn eine solche Situation eingetreten ist, kommt es in der Folge meist zu den Symptomen einer Posttraumatischen Belastungsstörung. Betroffene erleben immer wieder bildhafte, oft filmartige Rückerinnerungen an die belastende Situation (Intrusionen bzw. Flashbacks). Das ist insbesondere dann der Fall, wenn es keine Ablenkungen durch Alltagsaktivitäten gibt, also z. B. in einer schlaflosen Nacht. Aber auch, wenn sie durch irgendein kleines Detail, das ihnen oft gar nicht bewusst ist, an die traumatische Situation erinnert werden (Trigger), können unvermittelt Flashbacks eintreten. Die Betroffenen versuchen deshalb intuitiv alles zu vermeiden, was an diese Situation erinnern könnte, und befinden sich dauerhaft in einem angespannten Zustand. Wenn solch eine Belastungsstörung eingetreten ist, braucht sie unbedingt und möglichst auch bald spezifische Therapie. Glücklicherweise gibt es inzwischen wirksame Methoden, um hier gezielt helfen zu können.

Meist geht es bei Trauerprozessen aber um Nicht-Wahrhaben-Wollen im Sinne von Verdrängung. Wir schaffen uns unbewusst noch eine Frist, in der wir ohne die volle Verlusterkenntnis leben können.

Das Stadium der Aggression wurde schon zu Beginn an den ersten Beispielen diskutiert. Unser Körper versucht, uns bei Enttäuschungen und Verlusten, die wir im Leben erleiden, möglichst effektiv in die Lage zu versetzen, uns ordentlich wehren (oder zur Not weglaufen) zu können. Die Steuerung übernehmen dabei Hirnareale, die nicht dem bewussten Denken zugänglich sind. Sie erzeugen Emotionen, die sympathischen Bahnen des vegetativen Nervensystems werden aktiviert, Hormone ausgeschüttet, der Blutdruck gesteigert usw. Kein Mensch ist so „zivilisiert" oder vergeistigt, dass das bei ihm nicht mehr der Fall wäre.

Wenn der Schmerz oder Verlust, den ein Trauernder empfindet, von einem konkreten anderen Menschen verursacht wurde, hat die Aggression immerhin ein Ziel, auch wenn dieses oft nicht erreichbar ist. Dann wird es vor allem darum gehen, einen Weg zu finden, mit dieser Person und den Gefühlen ihr gegenüber umzugehen. Wie oben schon gesagt, sollten zunächst mögliche Optionen einer Wiedergutmachung geklärt werden. In den meisten Fällen, insbesondere bei schweren seelischen Verletzungen, ist auf diesem Weg allerdings nicht viel zu erreichen. Es geht darum, einen Vergebungsprozess im weitesten Sinne in Gang zu setzen, was vor allem ein letztendliches Loslassen der Schuldvorwürfe bedeutet. Der Trauerprozess bleibt sonst im Stadium der Aggression stecken und kann zum andauernden Groll versteinern. Es gibt leider allzu viele traurige Beispiele für solche blockierten Entwicklungen, jeder kennt sie aus seinem Bekanntenkreis. Zu einer erfolgreichen Vergebung in dem Sinne, solche quälenden alten Geschichten endlich los zu sein, gibt es verschiedene Wege, deren Beschreibung allerdings den Rahmen unseres Themas sprengen würde (s. dazu Grabe: Lebenskunst Vergebung. Verlag der Francke-Buchhandlung).

> Wenn der Schmerz oder Verlust, den ein Trauernder empfindet, von einem konkreten anderen Menschen verursacht wurde, hat die Aggression immerhin ein Ziel.

In echten Trauersituationen lässt sich aber in der Regel keine konkrete Person als Verursacher benennen. So ist es, wenn eine uns nahe stehende Person stirbt, aber auch, wenn jemand seine Arbeit verliert, mit der er sich sehr identifiziert hat, weil seine Firma aufgrund der allgemeinen wirtschaftlichen Lage geschlossen werden muss.

> In echten Trauer-situationen lässt sich in der Regel keine konkrete Person als Verursacher benennen.

Das Ziel der Vorwürfe und der Wut ist dann schwer zu bestimmen. Oft trifft es im Stadium der Aggression dann auch die Falschen. Wer gerade einen wenig geschickten Kommentar abgibt, oder wer durch Umständlichkeit einen Prozess aufhält, der ist automatisch Ziel von sehr viel Ärger. Oft hat man den Eindruck, dass Trauernde im Stadium der Aggression geradezu nach Schuldigen suchen. Und wenn sie Schuldige ausgemacht haben, denen vielleicht wirklich irgendwelche Detailfehler unterlaufen sind, diese dann mit deutlich mehr Aggression überschütten, als es der Sache angemessen wäre. Verständlich ist es: Irgendwohin muss ja das starke Gefühl, das durch den Verlust ausgelöst wurde. Trotzdem kommt es in diesem Stadium immer wieder dazu, dass Betroffene mit Personen, die es gar nicht böse mit ihnen meinen, in Streit geraten, Beziehungen nachhaltigen Schaden erleiden und aufseiten der Trauernden jahrelanger Groll gegenüber Menschen entsteht, von denen sie sich in dieser Zeit schlecht behandelt gefühlt haben. Hier ist es ein Segen, wenn Menschen vor der Verlustsituation in gute soziale Bezüge eingebettet waren, die solche Entwicklungen oft abfedern und relativieren können. Wer sich in seiner Trauer von allen verlassen fühlt, schlägt ganz anders um sich als jemand, der neben allem Schmerz auch immer wieder spürt, wie viele Menschen es gut mit ihm meinen.

Oft suchen Menschen, auch wenn sie nicht im religiösen Sinne gläubig sind, in dieser Phase auf spiritueller Ebene nach Schuldigen. Manche würden sagen, dass das „Schicksal" ihnen so übel mitgespielt hat, es immer böse mit ihnen meint oder Ähnliches. Dabei tritt auf gefühlsmäßiger Ebene eine unklare Personifizierung der Kräfte ein, die den eingetretenen Unglücksfall herbeigeführt haben, aus dem dumpfen Gefühl heraus, einer übelwollenden Übermacht ausgeliefert zu sein. Auf Verstandesebene würden diese Personen natürlich sagen, dass es reiner, bestenfalls statistisch erfassbarer Zufall ist, aufgrund dessen das Unglück stattfand – aber das entspricht oft nicht ihrem Gefühlserleben.

> Wer sich in seiner Trauer von allen verlassen fühlt, schlägt ganz anders um sich als jemand, der neben allem Schmerz auch immer wieder spürt, wie viele Menschen es gut mit ihm meinen.

Für Menschen, die gläubig sind, lässt sich das Ziel ihrer Vorwürfe auf spiritueller Ebene wesentlich klarer benennen.

Es ist Gott. Das ist allerdings nicht unproblematisch für die Betroffenen! Gerade in Krisen ist der Glaube für viele ein großer Halt, Menschen suchen im Gebet Schutz und Geborgenheit, auch eine Neuausrichtung ihrer Lebensprioritäten. Sie haben damit auch schon oft gute Erfahrungen gemacht, vielleicht auch immer wieder einmal anderen davon erzählt. Und jetzt ist ihnen eine geliebte Person entrissen worden, sie wissen gar nicht, wohin mit ihrem Schmerz, und sie lesen gleichzeitig in der Bibel, dass ohne Gottes ausdrücklichen Willen kein Spatz vom Himmel fällt (Matthäus 10,29). Wie kann es sein, dass Gott, wenn er denn den Anspruch hat, für buchstäblich alles verantwortlich zu sein, derartig grausam mit ihnen umgeht? Ist das nun die „Belohnung" für die vielen Jahre, die sie mit ihm gelebt haben?

Manche wagen es gar nicht, solche Gedanken an sich herankommen zu lassen. Sie möchten sich weder auf ei-

> Für Menschen, die gläubig sind, lässt sich das Ziel ihrer Vorwürfe auf spiritueller Ebene wesentlich klarer benennen. Es ist Gott.

nen solch ungleichen Machtkampf einlassen, noch möchten sie ihr Glaubensfundament, das immer noch Halt gibt, in dieser Situation infrage stellen.

Menschen, die in dieser Klemme sind, zu helfen, ist eine wirkliche Herausforderung.

Der Weg zur Heilung für Betroffene führt immer über eine erste

> Der Weg zur Heilung führt immer über eine erste Stufe, die darin besteht, sich die eigenen Gefühle einzugestehen.

Stufe, die darin besteht, sich diese Gefühle einzugestehen. Hilfe kann nur darin liegen, eine Atmosphäre herzustellen, in der das möglich ist. Wenn Gottes Willen alles unterliegt, dann auch dieser Verlust. Und die Vorwürfe, die da sind, wollen formuliert werden. Vielen ist das Buch Hiob in der Bibel hier schon eine Hilfe gewesen. Hiob versteht in dieser Erzählung zwar sichtlich nicht die Zusammenhänge, die zu seinem Leiden geführt haben, und muss später Gott gegenüber auch ordentlich zurückrudern, eines tut er aber: Er hält seine Beziehung zu Gott klar. Er benennt ehrlich seine Vorwürfe. Mehr kann er in seiner Situation auch nicht.

Ebenso machen es die Verfasser vieler Psalmen. Sie klagen Gott geradezu an, schleudern ihm ihre Vorwürfe entgegen. Warum lässt er es Menschen gut gehen, die rücksichtslos, areligiös, vielleicht sogar kriminell sind, und wa-

> Hiob hält seine Beziehung zu Gott klar. Er benennt ehrlich seine Vorwürfe. Mehr kann er in seiner Situation auch nicht.

rum geht er mit seinen Anhängern so schlecht um?! Warum tut er so, als ob er sie gar nicht kennt? Ist das Gerechtigkeit?

Glücklicherweise gibt es in der Bibel diese Vorbilder. Sie zeigen einen Weg, wie eine völlig blockierte Gottesbeziehung, ein Gottesbild, bei dem das Vertrauen abhanden gekommen ist, wo Menschen das Gefühl haben, einer sinnlos und willkürlich waltenden Macht ausgeliefert zu sein, wo sie die Frage stellen, ob es überhaupt eine Führung gibt, ob nicht doch alles Zufall ist, wo es jeden irgendwann mal erwischt – wie solch eine Un-Beziehung wieder zur Beziehung werden kann. Der Weg führt ausschließlich über Aussprechen, Benennen, Herausschreien. Vielleicht zunächst einmal anderen Menschen gegenüber, bis es dann Gott gegenüber gelingt.

Wer glaubt und diese Gefühle nicht benennt, läuft große Gefahr, dass sein Glaube zu einer doppelbödigen und trügerischen Angelegenheit wird. Das Grundvertrauen bekommt einen katastrophalen Knacks, der durch Verdrängen konserviert wird. Er oder sie kann anschließend nicht mehr unterscheiden, ob es in der Gottesbeziehung um Zuwendung oder Besänftigung, Liebe oder Angst geht.

Hier ist es sehr hilfreich, wenn Freundinnen, Freunde, Menschen, zu denen der Trauernde Vertrauen hat, verstehen, worum es hier geht. Leider beobachte ich manchmal, wie christliche Ratgeber diese Vorwürfe Gott gegenüber nicht aushalten. Wer nicht versteht, worum es dabei geht, der muss ja auch das Gefühl bekommen, dass hier jemand gerade seinen Glauben wegwerfen will. Je nach religiöser Sozialisation bekommen Helfende auch Versündigungsängste, wenn sie sich „das weiter anhören". Sie fühlen sich verpflichtet zu widersprechen, zu ermahnen, an Gottes größere Übersicht zu erinnern und darauf hinzuweisen, dass der Betroffene eines Tages schon verstehen werde, wozu sein jetziges Unglück im Plan Gottes gut gewesen sei. Solche Ratgebende merken dabei nicht, dass es unmerklich gar nicht mehr um den Betroffenen geht, sondern vielmehr darum, dass sie selbst ihre Glaubensgrundsätze aufrechterhalten, verteidigen und rechtfertigen wollen. Solch ein Gespräch kann nur unglücklich verlaufen.

Der Trauernde fühlt sich nicht verstanden, und die vorgefertigten Glaubensweisheiten, die ihm da gesagt worden sind, treiben ihn nur weiter weg von einer lebendigen Gottesbeziehung. Genau das alles wusste er ja auch selbst schon immer. Es sind diese dogmatischen Sätze, die schon längst in ihm selbst die Rolle innerer Ankläger übernommen haben. Wenn er ihnen gehorcht hätte, hätte er nichts von seinen Gedanken nach außen dringen lassen. Er hat aber stattdessen all seinen Mut aufgewendet, um seine Gefühle doch ehrlich zu benennen.

Wird das dann in der beschriebenen Weise durch einen „christlichen" Gesprächspartner blockiert, dann verbündet sich dessen Zurechtweisung mit den inneren Anklägern. Vielleicht versucht es der Betroffene noch einmal jemand anders gegenüber, vielleicht gibt er aber auch auf. Er hat dann nur zwei Möglichkeiten. Erstens: sich zu unterwerfen, nichts mehr zu sagen, den Bruch in der Gottesbeziehung abzukapseln und im weiteren Leben mit sich herumzutragen. Zweitens: sich vom Glauben abzuwenden. Das bedeutet dann, dass er außer dem Schmerz über den Verlust, den er erlitten hat, auch noch den Schmerz über den Verlust der Gottesbeziehung und die Enttäuschung über die Gemeinde mit sich herumzutragen hat.

> Gläubige Trauernde brauchen Gesprächspartner, die verstehen, dass gerade der anklagende, vorwurfsvolle Umgang mit Gott die erste und unbedingt nötige Stufe einer erneuten Beziehungsaufnahme ist.

Gläubige Trauernde, die sich in diesem schweren Prozess befinden, brauchen Gesprächspartner, die verstehen, dass gerade dieser so unfromm klingende, anklagende, vorwurfsvolle Umgang mit Gott die erste und unbedingt nötige Stufe einer erneuten Beziehungsaufnahme ist. Blockierung wäre hier fatal. Genau diese Phase muss ausgehalten und unterstützt werden.

5. Verhandeln und Depression

Überlappend mit der Aggression geraten Trauernde meist zunehmend ins Verhandeln.

Im „Verhandeln" tut ein Betroffener unzweifelhaft etwas Sinnvolles: Er tastet die Gesamtheit seiner Möglichkeiten ab und versucht, das Optimale zu erreichen. Gleichzeitig ist es aber auch ein Versuch, solange es irgend geht, sein Selbstwertgefühl und seine Hoffnung durch das Ausschöpfen aller Möglichkeiten aufrechtzuerhalten, selbst aktiv zu sein, das Steuer in der Hand zu behalten. Solange es noch etwas zu verhandeln und zu besprechen gibt, solange es vielleicht noch unbekannte Möglichkeiten zu entdecken gibt, braucht ein Betroffener die Hoffnung noch nicht aufzugeben. Mit Hoffnung ist an dieser Stelle gemeint, wenigstens teilweise zum Ausgangszustand zurückkehren zu dürfen, die Hoffnung, dass alles einigermaßen wieder so wird, wie es einmal war.

Tumorpatienten werden in dieser Phase, wie beschrieben, oft zu Experten ihrer eigenen Erkrankung, ein Arbeitnehmer informiert sich über seine Rechte und setzt sich dafür ein, und wer in Finanznot gerät, spielt die verschiedenen Möglichkeiten durch, doch noch aus dieser Klemme herauszukommen.

Erst wenn offenkundig ist, dass es hier keine Optionen mehr gibt, wenn die Hoffnung auf Rückkehr in die „heile Welt" von vorher zusammengebrochen ist, gibt es auch keinen Schutz mehr vor der „Depression". Es ist der Zustand, an den wir hauptsächlich denken, wenn wir das Wort Trauern hören. Zeitlich dauert diese Phase auch in der Regel am weitaus längsten. Lebensmöglichkeiten oder Beziehungspartner sind einfach weg, die man bisher als fest zu sich gehörig erlebt hat. Die Identitätskrise ist da. Die Energie der Aggression wendet sich jetzt gegen die Betroffenen selbst, wenn es außen niemanden mehr zu bekämpfen gibt und auch nichts mehr zu organisieren ist. Hoffnungslosigkeit, Grübeleien über den Verlust und Selbstanklagen bestimmen das Bild. Menschen haben weithin keine Fähigkeit mehr, sich zu freuen, sie sind fixiert auf das, was ihnen jetzt fehlt, was nie wieder so sein wird, wie es war. In vielen Fällen haben sie aus diesem Blickwinkel leider sogar völlig recht. Es gibt tatsächlich keine Chance mehr, dass der liebe Verstorbene wieder ins Leben zu-

> Wenn die Hoffnung auf Rückkehr in die „heile Welt" von vorher zusammengebrochen ist, gibt es auch keinen Schutz mehr vor der „Depression".

Die Energie der Aggression wendet sich jetzt gegen die Betroffenen selbst, wenn es außen niemanden mehr zu bekämpfen gibt.

rückkehrt, dass die eigene Krankheitsdiagnose doch nicht stimmt oder dass der Jobverlust rückgängig gemacht wird.

In dieser Phase sind sie meist nicht fähig dazu, auch einmal einen anderen Blickwinkel als den des Verlustes einzunehmen, nicht immer nur auf den leeren Fleck, die offene Wunde zu starren. Trauernde sind in dieser Phase kaum in der Lage, all das wahrzunehmen, was sie sehr wohl noch haben. Und wer zu aufdringlich darauf hinweist, macht dem Trauernden das Leben nur noch schwerer (denn er kann im Moment wirklich nicht anders empfinden) und handelt sich eventuell wütende Zurückweisung ein.

Überhaupt, wer mit Trauernden spricht, braucht oft nicht lange, bis auch die Wut und Enttäuschung deutlich wird, die hinter der Trauer steckt.

Dieses Stadium der Depression in der Trauerarbeit entspricht nun allerdings meist nicht einer Depression im klinischen Sinne. Der Trauerprozess ist an sich kein krankhaftes Geschehen! Er ist ein notwendiger Weg, den unsere

Psyche mit uns geht, um irgendwann am anderen Ufer der Annahme anzukommen.

In manchen Fällen kann diese Trauerphase aber durchaus die Schwere einer echten Krankheit bekommen und sollte dann auch behandelt werden. Sowohl in ausgeprägten Trauerstadien der Depression als auch in akuten, heftigen Verlust- und Trauerreaktionen kommt Suizidalität nicht selten vor. Hier achtsam zu sein ist eine Verantwortung von Freunden und Angehörigen.

Jeder Mensch, der solch ein tiefes Tal zu durchschreiten hat, braucht Begleitung. Gegebenenfalls ist es aber auch wichtig, rechtzeitig den Kontakt zu professionellen Helfern herzustellen. Wenn Angehörige merken, dass sie von der Problematik überfordert sind, ist in den meisten Regionen Deutschlands der beste erste Schritt, ein Beratungsgespräch in der Institutsambulanz der nächsten psychiatrischen Klinik zu organisieren. Die Telefonnummer ist im Internet schnell gefunden. Solch ein Gespräch ist für den Betroffenen erst einmal völlig unverbind-

> Der Trauerprozess ist ein notwendiger Weg, den unsere Psyche mit uns geht, um irgendwann am anderen Ufer der Annahme anzukommen.

> Jeder Mensch,
> der ein tiefes Tal
> zu durchschrei-
> ten hat, braucht
> Begleitung.

lich, und in der Regel lässt sich auch ein einigermaßen zeitnaher Termin finden.

6. Von der Depression zur Annahme

Sich Gefühle einzugestehen, ist sicherlich ein großer Schritt, es beinhaltet allerdings noch keine Lösung. Aber kann Hilfe und Selbsthilfe weiter kommen? Gibt es an diesen schweren Verlusterlebnissen, die ernsthafte Trauer auslösen, etwas positiv zu verstehen? Ist es möglich, dass das Ganze zu etwas gut ist, zu einem sinnvollen Ziel führt?

Offensichtlich ist es so, dass der Trauerprozess auch eine positive Chance beinhaltet, sonst gäbe es kein Stadium der „Annahme".

Von einer rationalistischen Warte aus betrachtet, ist das zunächst kaum erklärbar. Wenn ich als winziges Rädchen im Getriebe der Welt zufällig von irgendwelchen viel größeren Kräften erwischt worden bin, dann habe ich halt Pech gehabt. Das Ganze unterliegt den Gesetzen der Statistik, und da gibt es eben eine gewisse Unfallquote. Es hätte auch die Rädchen rechts oder links neben mir treffen können. Vielleicht

> Sich Gefühle einzugestehen, ist sicherlich ein großer Schritt, es beinhaltet allerdings noch keine Lösung.

> Wenn Menschen zu einem tieferen und zufriedeneren Leben finden, bekommt der Verlust für sie einen Sinn.

habe ich mein Schicksal auch durch eine Ungeschicklichkeit mit verursacht. Aber auch dann kann ich die Zeit nicht mehr zurückdrehen und muss jetzt mit dem Schaden leben.

Auf diesem Hintergrund ist es eine erstaunliche Tatsache, was wir über das Stadium der Annahme wissen. Subjektiv können sich Menschen trotz des „Schicksalsschlages", der sie getroffen hat, mit ihrem Leben aussöhnen. Viele sind sogar der Ansicht, dass sie erst jetzt zu einem tieferen und zufriedeneren Leben gefunden haben. Der Verlust bekommt für sie einen Sinn.

Wir haben uns in Kapitel 3, wo es um die Trauer als Prozess ging, schon einige Beispiele angesehen.

Unser Manager Klaus B. merkt in seiner unfreiwilligen Arbeitslosigkeit, dass Leben wirklich noch andere Facetten haben kann, als seine berufliche Effizienz immer weiter zu steigern. Natürlich ist auch berufliche Leistung ein wichtiger Faktor für Klaus B. und seine Lebenszufriedenheit, offensichtlich kann er hier Begabungen ausspielen. Aber er merkt, dass der unvermutete gute und interessante Kontakt, den er durch die Änderung zu seinen Kindern hat, für die er jetzt auch einmal Verantwortung übernimmt, ebenfalls ein echter Baustein für einen gelungenen Lebensaufbau sein kann. Er merkt auch, dass dieser Baustein bisher sehr fehlte. Auch seine Ehe weiß er jetzt mehr zu schätzen und findet es lohnend, an dieser Stelle etwas zu investieren. Klaus B. wird die Gewichte bei seiner nächsten Beschäftigung anders verteilen.

An dieser Stelle soll nicht unterschlagen werden, dass viele Berufe einen starken Sog ausüben und gerade Männer nach einem Wiedereinstieg trotz aller Erkenntnisse in der Gefahr stehen, doch wieder ins alte Gleis zu geraten. Aber ich kenne inzwischen eine ganze Reihe von Männern, die nach solchen Krisensituationen tatsächlich ihren Alltag spürbar ändern konnten. Wesentliche Elemente kommen jetzt in ihrem Leben vor, die vorher keinen Platz hatten.

Auch Familie G. in dem obigen Beispiel musste harte Arbeit leisten, um sich die jetzigen Erkenntnisse zu erobern. Besonders für Herrn G. war es anfangs eine große Demütigung, sein „Lebensprojekt" – so hatte er es ursprünglich gesehen – nicht durchführen zu können. Ihn hatte das Stadium der Depression auch am schwersten getroffen. Gemeinsam mit seiner Familie hat er in dieser Phase gelernt, Lebensprioritäten völlig anders zu setzen. Wem hätte es denn genützt, wenn sie es, unter etwas glücklicheren Umständen, so gerade eben geschafft hätten, innerhalb von vielen Jahren das Haus fertigzustellen, es vielleicht bis zur Rente auch gerade eben abzubezahlen. Auf der anderen Seite hätte gestanden, dass sie dafür die ganzen Jahre auf jede größere Reise hätten verzichten müssen, auf schöne Urlaube; immer hätten sie überlegen müssen, ob sie sich Ausgaben leisten können, wie z. B. den Kindern Musikunterricht zu bezahlen oder andere Wünsche zu erfüllen.

Gerade diese „etwas glücklicheren" Umstände wären für Familie G. kein Glück gewesen. Erst durch das Scheitern haben sie gemeinsam jenseits aller Hausbauer-Pflichterfüllung einmal überlegen und definieren können, wo ihnen Investitionen wirklich Freude machen.

Trauerarbeit ist dann angesagt, wenn es gilt, von einem Lebenszustand Abschied zu nehmen, der beim besten Willen nicht mehr haltbar ist.

Was bei beiden Beispielen deutlich ist: Es ging um eine erhebliche Umbewertung der Lebenssituation, um eine Neudefinition von Prioritäten im Leben.

Trauerarbeit ist also dann angesagt, wenn es gilt, von einem Lebenszustand Abschied zu nehmen, der beim besten Willen nicht mehr haltbar ist, bzw. wenn einem ein solcher, ob man will oder nicht, aus der Hand genommen wird.

Niemand hat sich solch einen Verlust ausgesucht. Aber wo er denn nicht mehr zu vermeiden war, erkennen Menschen, wenn sie sich durch den Trauerprozess gear-

> Die Arbeit der Trauer besteht in Arbeit an uns selbst.

beitet haben, oft einen Sinn in dem, was geschehen ist. Im Beispiel des Hausbaus betrachten die Betroffenen die Änderung im Nachhinein sogar als Erlösung. Sie haben ein neues Ja zu ihrem Schicksal gefunden. Dazu gehört, dass sie auch ein Stück ihrer Identität geändert haben. Sie sind nicht mehr Hausbesitzer. Aber das, was sie dagegen eingetauscht haben, würden sie für den vorhergehenden Zustand auch nicht wieder hergeben wollen.

Diese Feststellung gilt für Trauerarbeit allgemein. Es kommt zu einer Umbewertung, Prioritäten werden neu gesetzt, auch ganz neue Bereiche erschlossen, die vorher nur wenig im Leben vorkamen. Die Arbeit der Trauer besteht in Arbeit an uns selbst.

In der Trauer akzeptieren wir, dass dasjenige, was uns genommen wurde, nicht mehr zu uns gehört. Wir definieren unsere Identität neu. Gleichzeitig füllt sich diese neue Identität aber wieder mit Sinn und Lebensfreude, zuerst zaghaft und dann immer mehr. Solange wir das Gefühl

> Erst wenn wir unsere neuen Grenzen akzeptiert haben, können wir auch wieder in ihnen leben und sie vielleicht auch wieder ausweiten.

haben, dass uns ein Teil unserer selbst entrissen wurde, solange es das große Leck des Verlustes gibt, können wir keine positive Energie halten. Ob es guter Zuspruch anderer ist, ob es erfreuliche Entwicklungen unserer Umgebung sind, ob es Aktivitäten sind, die uns sonst immer Freude gemacht haben. Erst wenn wir unsere neuen Grenzen akzeptiert haben, können wir auch wieder in ihnen leben und sie vielleicht auch wieder ausweiten – vielleicht ganz neue Bereiche entdecken.

Am umfassendsten ist dieser Prozess notwendig, wenn Menschen, wie die Krebspatienten aus Kapitel 3, letztlich ihr ganzes Leben loslassen müssen. Hier ist es noch etwas schwerer zu verstehen als bei allen anderen Beispielen, wie sie unter dieser Voraussetzung ein Stadium der Annahme erreichen können. Denn sie wissen: Alle Alternativen, die sie entwickeln, vielleicht um gesundheitliche Einschränkungen auszugleichen, werden nur auf begrenzte Sicht tragfähig sein. Die Gesamtrichtung heißt: immer weiterer Verlust.

Generell gilt, dass Krisen uns dazu zwingen, uns umzusehen nach einem größeren Sinn-Rahmen, in dem wir unser Leben erneut definieren und positionieren können. Denn Krisen zeigen, dass wir mit den bisherigen Begründungen für unser Alltagshandeln in eine Sackgasse geraten sind. So merkte Klaus B., dass es außer Arbeitserfolgen noch viele, ganz andersartige Werte gibt, die mindestens ebenso lohnend sind. Und Familie G. hatte überhaupt erstmals die Freiheit, darüber nachzudenken, was man denn an Feierabenden und im Urlaub Schönes machen könne. Beide lernten in der Krise – zunächst wirklich nur notgedrungen –, dass ihre bisherige Sicht aufs Leben einen ziemlich engen Blickwinkel hatte.

Auch wenn Menschen eine nahe Bezugsperson verlieren, gilt letztlich dasselbe. Der Trauerprozess beinhaltet, aus der Fixierung auf diese bestimmte Person oder auf bestimmte gemeinsame Gewohnheiten herauszufinden. Das ist immer ein schwerer Prozess, anfangs käme es einem Trauernden geradezu wie Verrat vor, wenn ihm so etwas vorgeschlagen würde. Gerade diese Person möchte er ja nicht loslassen, möchte sie festhalten, so gut es nur geht, weint und wütet für diese Beziehung. Und es ist ja auch etwas sehr, sehr Wertvolles, wenn Menschen tiefe Bindungen eingehen können, wenn Menschen treu sind. Aber in diesem Fall führt dieser Weg nicht weiter. Er wird zur Engführung, zur Sackgasse.

Auch hier gilt es, das eigene Leben in einem größeren Kontext zu verstehen als dieser Zweierbeziehung.

Das gilt zum einen für die zwischenmenschliche Ebene. Der Wert auch anderer Menschen muss wieder ins Bewusstsein dringen dürfen, muss wieder gelten dürfen. Besonders deutlich ist das bei Eltern zu beobachten, die eines ihrer Kinder verloren haben. Es ist manchmal ein langer und mühsamer Weg in der Trauerarbeit, bis sie überhaupt wieder einen Blick für den Wert ihrer anderen, noch verbliebenen Kinder haben. Und es ist ein gutes Zeichen, wenn sie wieder echte Dankbarkeit für die noch lebenden Kinder empfinden können. Im weiteren Fortschreiten der Trauerarbeit entsteht dann oft ein viel tieferes Empfinden dafür, welch ein Glück dieser Kontakt zu den Kindern bedeutet, Zeit miteinander wird spürbar bewusster wahrgenommen und gestaltet. War anfangs das Gefühl da, dem verstorbenen Kind irgendwie etwas wegzunehmen, wenn man eine nette Aktivität miteinander plant, so überwiegt jetzt das Gefühl, die schöne und kostbare Zeit miteinander so gut wie möglich füllen zu wollen.

Ähnlich ist es auch in Beziehungen Erwachsener untereinander, wo Freundschaften im Laufe eines gelingenden Trauerprozesses einen noch tieferen Wert gewinnen können.

Das heißt nun allerdings nicht, dass der Verstorbene damit unwichtig geworden ist oder in Vergessenheit geraten soll. Im Gegenteil.

Am Anfang eines Trauerprozesses um einen Menschen, der uns sehr nahestand, haben wir praktisch keinen Abstand. Wir stellen ständig fest, wo er uns überall fehlt, überall tut es weh. Immer wieder werden wir an neue Details erinnert, zum Beispiel durch Gegenstände, die ihm gehörten, durch Erzählungen oder durch Arbeiten, die wir tun. Und immer wieder kommt es über uns, dass uns der Schmerz fast zerreißen will. Wenn etwas noch unfertig war zwischen uns, dann kommt das jetzt zusätzlich als Last hinzu. Wenn wir zum Beispiel noch über ein wichtiges Thema mit ihm hätten reden wollen, wenn vielleicht noch irgendetwas zwischen uns stand, wenn wir uns vielleicht schon vor Jahren einmal vorgenommen hatten, einen bestimmten Urlaub zusammen zu machen und vielleicht aufgrund unserer vielen Termine nie etwas draus geworden ist, dann können daraus in dieser Phase zusätzliche quälende Gedankenschleifen werden. Im Laufe der Zeit kommt es dann zu einer gewissen Linde-

> Am Anfang eines Trauerprozesses um einen Menschen, der uns sehr nahestand, haben wir praktisch keinen Abstand.

rung. Trauernde stellen selbst fest, dass sie seltener an den Verstorbenen denken, ihre Aufmerksamkeit wieder länger bei anderen Themen haben – und sie bekommen manchmal geradezu ein schlechtes Gewissen deshalb. Ist ihnen der Verstorbene schon unwichtig geworden? Geht das so schnell?

Wenn sie dann aber über den Verstorbenen nachdenken, merken sie, dass es gar nicht mehr nur schmerzhafte Gefühle sind, sondern dass sich auch viele gute Gefühle darunter mischen.

Sie können den geliebten Menschen mehr als ganze Person wahrnehmen. Zurückgebliebene ungeklärte Kleinigkeiten, die sich anfangs noch oft gefühlsmäßig in den Vordergrund gedrängt haben, werden jetzt immer unwichtiger im Vergleich zu der Summe an Erlebnissen, die Trauernde mit dem Verstorbenen verbindet.

Sie bekommen ein Gefühl dafür, was dieser ganz spezielle Mensch an Gutem in ihr Leben gebracht hat. Wo er ihr Selbstbewusstsein gestärkt hat, als sie es nötig brauchten, wo er ihnen weise Dinge gesagt hat, die sie schon seit vielen Jahren in ihrem Leben anwenden, und wo er vielleicht auch einmal unvernünftig war aus Liebe zu ihnen.

Auch wenn es vielleicht auf den ersten Blick anders aussieht, so gehört das zuletzt Genannte zu den wertvollsten

Erinnerungen! Denn Kluges können einem viele sagen. Aber wer setzt sich schon parteiisch für mich ein, auch wenn er sich selbst damit blamiert oder Nachteile einhandelt? Wer hat schon für mich gekämpft, egal warum und gegen wen? Einfach aus dem Grund, weil ich für ihn an erster Stelle stehe? Solche Erinnerungen sind Schätze. Und wer solche Erinnerungen hat, haben darf, der wird immer wissen, dass er geliebt ist. Merkwürdigerweise nicht: geliebt war. Es ist ein Stück Urvertrauen, das mit uns durch das weitere Leben geht. Ich bin liebenswürdig. Und es waren diese wertvollsten Menschen, die es uns mitgegeben haben.

Wenn Trauernde sich – aus dem Tief der Depression – dem Ufer der Annahme nähern, dann begreifen sie so etwas. Sie verstehen, dass der geliebte Mensch in allem, was er ihnen gegeben hat, auch weiter in ihrem Leben dabei ist, sozusagen Bestandteil ihrer selbst ist. Und paradoxerweise empfinden Trauernde in dieser Phase oft gerade dann, wenn es doch wieder wehtut, wenn sie schmerzlich an das Fehlen dieses Menschen erinnert worden sind, dass dieser Schmerz auch etwas sehr Gutes ist. Es steckt nämlich auch das Gefühl in diesem Schmerz, dass zwischen ihnen und der verstorbenen Person alles gut war. Dass sie noch während der gemeinsamen Zeit auf dieser Erde zu einer echten Liebe durchgedrungen sind. Merkwürdigerweise steckt im Schmerz auch Dankbarkeit, manchmal geradezu ein Stück Glück.

Dieses paradoxe Gefühl mischt sich manchmal auch schon am Anfang einer heftigen Trauer unter den Schmerz und kann dann in allem Leid gleichzeitig als starker Trost erlebt werden. Das Gefühl ist: Es tut mir deshalb jetzt so weh, weil alles gut war zwischen uns, weil alles gut ist. Wenn Betroffene einmal wieder von Gefühlen überwältigt werden, erleben sie es nicht nur als hilflos-verletztes Weinen, sondern auch als ein dankbares Weinen. Das ist dann der Fall, wenn eine Beziehung nach menschlichem Vermögen geklärt war, wenn es keine schmerzenden offen gebliebenen Fragen gibt. Es liegt gerade auch im Abschied ein Geschenk, wenn Menschen, die neben Höhen immer auch Tiefen miteinander erlebt haben, eine wirkliche und tiefe Versöhnung gelungen ist, eine tief empfundene Zusammengehörigkeit und Liebe.

Merkwürdigerweise steckt im Schmerz auch Dankbarkeit, manchmal geradezu ein Stück Glück.

Mit Versöhnung meine ich eine Klärung von vielleicht weggesteckten, aber immer noch schmerzenden und nie zu Ende besprochenen Verletzungen, welcher Art auch immer. Vergebung bedeutet nicht nur, eine Rechtssache endlich loslassen zu können, sondern auch, alle negativen Fäden, die uns an einen Menschen binden, loslassen zu können. Diese Art negativer Bindung kann Trauerarbeit sehr behindern. Wir werden uns in Kapitel 8 noch damit beschäftigen. Und es ist in vielerlei Hinsicht ein Segen, wenn wir schon zu Lebzeiten unsere Beziehungen davon entlasten konnten. Ganz deutlich auch in der Trauerarbeit.

> Es liegt gerade auch im Abschied ein Geschenk.

Angehörige lernen in diesem späteren Stadium der Trauerarbeit auch, mehr vom Verstorbenen her zu denken. Sie werden oft erst überhaupt in die Lage dazu versetzt. Eine entscheidende Frage ist ja: Was ist jetzt eigentlich für *ihn* gut? Wer glaubt, vertraut darauf, dass die oder der Verstorbene bei Gott ist, der „jede Träne von ihren Augen abwischen wird", wie es in der Offenbarung der Bibel heißt (21,4).

Der Verstorbene hat es geschafft. Er ist angekommen.

Aber auch hier gilt: So etwas als dogmatische Richtigkeit zu sagen, auch sich aufzusagen, bringt wenig. Wenn Menschen aber an einem bestimmten Punkt auf einmal erleichtert spüren, dass es stimmt, dass es ja so ist, dann hat dies eine ganz andere Qualität. Wir müssen im Trauerprozess erst dort ankommen.

Zurück zu den Trauernden.

Allgemein lässt sich sagen, dass der oben erwähnte größere Sinn-Rahmen, der Menschen hilft, sich in einer schweren Krise neu zu orientieren, fast immer in einer neuen Wertschätzung und Vertiefung der Beziehungsebene liegt. Wir haben es in allen Beispielen vorhin gesehen. Äußere Erfolge dagegen, Statussymbole, Reichtum helfen in Sinn- und Lebenskrisen nicht viel weiter. Die Beziehungsebene schließt sowohl Beziehungen zu Dingen wie Natur und Kunst als auch die Beziehung zu Menschen und Beziehung auf der spirituellen Ebene mit ein.

Bei den genannten Tumorpatienten spielen die ersten beiden Bereiche eine wesentliche Rolle. Immer wieder schildern Betroffene, dass das Naturerleben seit der Auseinandersetzung mit ihrer Erkrankung und den damit verbundenen Einschränkungen eine ganz neue Bedeutung für sie bekommen hat. Eine Patientin berichtete mir, dass sie jetzt jeden Morgen erst einmal das Fenster öffnet. Selbst wenn es regnet, findet sie es schön und hält ihre Hand eine Weile in die Tropfen. Sie genießt es, die Natur zu er-

> Äußere Erfolge, Statussymbole, Reichtum helfen in Sinn- und Lebenskrisen nicht viel weiter.

leben, Bäume zu sehen, Vögel zu hören. Früher habe sie kaum einen Blick dafür gehabt, weil sie immer in Eile war.

Beziehungen zu Menschen werden in solchen Krisen viel wichtiger. Allerdings sortieren sie sich auch. Es gibt Bekannte, die nicht damit umgehen können, wenn es uns schlecht geht. Sei es, dass sie nur ein recht spezielles Interesse an uns hatten, das erlischt, wenn wir z. B. keinen Sport mehr mit ihnen treiben können, sei es, dass sie die Bedrohung durch einen schweren Verlust unbewusst aus ihrer Wahrnehmung fernhalten müssen und uns deshalb meiden. Sie könnten selbst gar nicht sagen, warum sie das tun.

Gleichzeitig werden viele Beziehungen aber auch erheblich wertvoller, als sie es vorher waren. Manchmal wird erst in der Krise richtig deutlich, wer bereit ist, für uns Zeit und Energie einzusetzen. Manchmal staunen wir, wie viel andere uns gerne geben mögen.

Aber auch auf der spirituellen Ebene passiert etwas. Viele Menschen haben keinen religiösen Glauben im engeren Sinne. Und doch ist bei Krebspatienten, die das Stadium

> Beziehungen zu Menschen werden in Krisen viel wichtiger. Allerdings sortieren sie sich auch.

der Annahme erreicht haben, regelmäßig so etwas wie eine tiefe Dankbarkeit spürbar. Sie berichten davon, wie sie Kleinigkeiten wertschätzen können, die sie früher achtlos übersehen haben. Ob es um Naturerleben geht, den Umgang mit ihrem eigenen Körper oder um andere Menschen. Zeit ist wertvoll geworden, jeder Tag ist wertvoll. Vielleicht könnte man es am ehesten als Dankbarkeit dem Leben gegenüber bezeichnen, einem empfundenen beschenkenden Größeren gegenüber, vielleicht als eine Art vorreligiöse Spiritualität.

Manchmal führt die unausweichliche Auseinandersetzung mit letzten Fragen allerdings auch zu einer konkreteren Annäherung an den Glauben. Vielleicht wird bei einer guten Erfahrung irgendwann früher im Kindergottesdienst wieder angeknüpft oder beim Pfarrer aus der Konfirmationszeit, den man damals bei allem pubertären Abstand doch irgendwie auch okay und glaubwürdig fand.

> Manchmal führt die unausweichliche Auseinandersetzung mit letzten Fragen auch zu einer konkreteren Annäherung an den Glauben.

Gläubige Menschen können, wenn sie nach zum Teil schwierigen Kämpfen das Stadium der Annahme erreicht haben, oft in dem, was geschehen ist, Gottes Führung sehen. Für sie stellt eine erfolgreiche Trauerarbeit auch einen durchlaufenen Versöhnungsprozess mit Gott dar. Man könnte auch sagen: Vergebungsprozess. Sie können und mögen jetzt verstehen, was für sie am Geschehenen gut war.

Es entspricht einer ganz zentralen christlichen Einsicht, dass es immer wieder erforderlich ist, bestimmte Dinge im Leben loszulassen, damit dieses nicht erstarrt und vertrocknet. Neue Möglichkeiten eröffnen sich nur dadurch, dass man alte loslässt. Jesus hat es zum Beispiel mit den folgenden Sätzen ausgedrückt: „Wer sein Leben zu retten sucht, wird es verlieren; und wer es verliert, wird es erhalten" (Lk. 17,33). Oder: „Wenn das Weizenkorn nicht in die Erde fällt und stirbt, bleibt es allein; wenn es aber stirbt, bringt es viel Frucht" (Joh. 12,24).

> Krisen sind ein wesentlicher Wachstumsanreiz für unsere Persönlichkeit.

Krisen sind ein wesentlicher Wachstumsanreiz für unsere Persönlichkeit. Prioritäten ordnen sich neu, wir beginnen, unsere Mitmenschen anders zu beurteilen, bekommen mehr Verständnis und wissen unser eigenes Glück mehr zu schätzen. Wir kennen die Alternative, über das halb leere Glas unzufrieden zu sein oder zufrieden mit demselben

Glas, weil es halb voll ist. Durchlebte Trauer richtet unsere Aufmerksamkeit auf das, was da ist. Wir lassen die Möglichkeiten, die das Leben uns bietet, nicht mehr verächtlich links liegen, weil wir über den Verlust des vermeintlich Größeren enttäuscht sind. Stattdessen können wir sie erfassen und als Chance nutzen.

Wir haben gesehen, dass selbst Menschen, die schwerste Trauerprozesse bewältigen müssen, diese Sicht erreichen.

Gerade diejenigen, die in ihrem Leben Besonderes für andere geleistet haben, sich stark für andere eingesetzt haben, mussten in ihrem Leben schwere Verlusterlebnisse erleiden. Nur durch den eigenen, durchlaufenen Trauerprozess gewannen sie die Sensibilität für das Leid anderer, ihre Liebe zu den Menschen und zum Leben, die sie so hilfreich und heilsam für andere werden ließ.

> Um Glück erleben zu können, ist es notwendig, auch die Verlustseite des Lebens kennengelernt zu haben.

Im Hebräerbrief des Neuen Testaments (Kapitel 12) werden die Widerstände des Lebens und seine Krisen als Erziehung Gottes gedeutet. Noch niemand ist freiwillig heilig geworden oder auch nur einigermaßen geduldig oder verständnisvoll. Und wie wir an unseren Beispielen oben gesehen haben, oft noch nicht einmal freiwillig einigermaßen glücklich und zufrieden. Wir kennen dieses Prinzip auch von verwöhnten Kindern.

Um Glück erleben zu können, ist es notwendig, auch die Verlustseite des Lebens kennengelernt zu haben.

7. Wie kann man
Trauernden helfen?

Trotz allem, was bisher gesagt wurde, bleibt es eine Tatsache, dass von außen herangetragene Einsichten Menschen wenig nützen, die gerade in einer schweren Krise oder einem Trauerprozess sind. Es gibt keinen Bedarf an Pauschalantworten von außen.

Solche deutenden oder erklärenden Antworten mögen durchdacht sein und einfühlsam vorgetragen werden, doch sie richten meist mehr Schaden an als Nutzen. Das Buch Hiob bringt auch dafür eindrückliche Beispiele.

> Der Trauernde muss letztlich selbst die Antwort darauf finden, was das Ereignis, das ihm widerfahren ist, für sein Leben bedeutet.

Der Trauernde muss letztlich selbst die Antwort darauf finden, was das Ereignis, das ihm widerfahren ist, für sein Leben bedeutet. Und in der Regel findet er sie. Für Außenstehende ist es allerdings manchmal nicht die erwartete.

Menschen, die gläubig sind, sind hier in einer speziellen Situation. Sie müssen sich zusätzlich mit ihrem Gottesbild auseinandersetzen, wenn ihnen ein für sie wichtiges Stück Lebensglück verweigert oder genommen wird. Zum anderen bietet die Hoffnung auf das ewige Leben aber oft einen starken Trost, gerade im stärksten Schmerz über den Verlust.

Wie kann man Trauernden dann helfen? Man kann vor allem für sie da sein.

Das heißt zunächst einmal, tatsächlich anwesend zu sein. Viele, die einen wichtigen Menschen verloren haben, stellen zusätzlich auch noch fest, dass manche Bekannte und Freunde sich nicht melden oder ihnen sogar aus dem Weg gehen. Das Thema Tod ist in unserer Gesellschaft zu einem so ausgeprägten Tabu geworden, dass bei vielen eine große Verhaltensunsicherheit herrscht, wenn sie ihm doch einmal begegnen. Vielleicht ist die erste Hürde, dass ein Bekannter einfach nicht weiß, wie er „Beileid wünschen" soll, weil er darüber irgendwelche förmlichen und steifen Klischees im Kopf hat. Es ist ja auch richtig: In der Situation, dass jemand einen ihm sehr wichtigen Menschen verloren hat, ist eigentlich jeder Wunsch oder Kommentar unbeholfen. Verglichen mit dem, was der Betroffene durchmacht, ist ein „Es tut mir leid" eine sehr schwache Formulierung. So ist für viele die Hemmschwelle für ein spontanes Telefonat zu hoch. Nur ist ihnen leider oft nicht klar: Die

Hemmschwelle wächst mit jedem weiteren Tag. Denn jetzt müssten sie sich auch noch entschuldigen, sich nicht eher gemeldet zu haben.

So habe ich schon von vielen Menschen gehört, wie einsam sie in einer solchen Trauersituation waren. Sie fühlten sich von allen Freunden verlassen. Das betrifft vor allem Menschen, die in städtischen Wohngebieten leben – heutzutage die weitaus meisten. Es gibt dort keine Trauerkultur mehr, keine Rituale, jeder ist sich selbst überlassen. Das ist die Kehrseite der großen Freiheit und Selbstbestimmtheit unserer Gesellschaft.

> Es kann für Trauernde eine Wohltat sein, wenn im ganzen Dorf wegen ihres Angehörigen einmal für einige Zeit die Uhr still steht und sie erleben, dass ihm Ehre erwiesen wird.

In vielen Dorfgemeinschaften gibt es noch feste Rituale, die diese Verhaltensunsicherheit überwinden helfen. Es gibt klare Regeln, die alle Nachbarn und Bekannten zu ersten Kontakten mit den Trauernden bringen. Angehörige einer Trauerfamilie können dann durchs Dorf gehen, ohne befürchten zu müssen, dass es zu peinlichen Situationen kommt. Denn alle Nachbarn haben ihnen schon Beileid gewünscht, und alle werden auch zur Beerdigung kommen. Es kann für Trauernde eine Wohltat sein, wenn im ganzen Dorf wegen ihres Angehörigen einmal für einige Zeit die Uhr still steht und sie erleben, dass ihm Ehre erwiesen wird.

Aber auch in großstädtischen Wohngebieten bleibt es eine Tatsache, dass Trauernde Menschen brauchen. Auch wenn sie sich vielleicht zurückziehen, um ihre starken Gefühle, die zum Teil auch sehr schwanken, vor anderen zu verbergen. So haben sie selbst meist eher die Tendenz, die Isolierung zu verstärken, und sind umso mehr auf andere angewiesen, die auf sie zuzugehen.

So ist es im Falle eines Falles ungleich besser, mit einem vielleicht ungeschickt klingenden „Du, es tut mir leid, was da passiert ist" frühzeitig auf einen Trauernden zuzugehen, als das aus Unsicherheit zu vermeiden. Ist der erste Kontakt erst wiederhergestellt, ergibt sich meist das Weitere ohne große Schwierigkeiten. Wir werden schnell merken, was der Trauernde uns erzählt, an welcher Stelle er uns braucht. Vielleicht geht es ganz schlicht um die Hilfe bei einem praktischen Problem. Vielleicht merken wir auch, dass er jetzt gerade nicht in der Lage ist, lange zu sprechen und in Ruhe gelassen werden will. Aber der erste Schritt ist getan. Der Trauernde hat das Signal bekommen, dass er nicht allein ist, und er weiß auch, dass er im Bedarfsfall auf uns zukommen darf.

Im Gespräch über den Verlust geht es zunächst einmal vor allem darum, dem Betroffenen durch unser Verhalten zu signalisieren, dass seine Mischung an Gefühlen sein darf, die ihn selbst verwirrt und die er vielleicht ablehnt. Trauerbegleitung bedeutet großenteils annehmendes Zuhören.

Wenn es nicht um den Tod Angehöriger geht, sondern um andersartige schwere Verluste, dann ist außer dem Schmerz vielleicht auch viel Ärger da, vielleicht auch Angst vor weiterem Unglück, was eine tiefe Verunsicherung bewirken kann. Vielleicht spielt auch Scham über eine Entwicklung, die der Betroffene als Gesichtsverlust erlebt, eine wichtige Rolle.

Stehen Ängste oder quälende Selbstanklagen im Vordergrund, kann es sinnvoll sein, diese immer wieder ruhig und beharrlich zu widerlegen. Am besten im „sokratischen" Dialog. Für Trauernde ist es oft nicht leicht, Antworten auch von guten Freunden anzunehmen. Das Gefühl ist da: „Du kannst einfach nicht wissen, wie es mir geht" oder „Du hast gut reden, genauso hätte ich das früher auch gesagt" oder: „So kann man das sehr klug sagen, wenn es einem selbst gut geht". Betroffene können viel eher Antworten akzeptieren, die sie selbst herausfinden.

Solch ein Gespräch könnte vielleicht folgendermaßen verlaufen:

Eine Mutter, deren Kind überfahren wurde, beginnt, sich wieder einmal in Gegenwart ihrer Freundin anzuschuldigen.

„Hätte ich besser auf J. aufgepasst, wäre er nicht verunglückt!"

„Denkst du wirklich, dass eine Mutter ununterbrochen, den ganzen Tag lang, ihr Kind in den Augen behalten kann? Denkst du das wirklich?"

Für Trauernde ist es oft nicht leicht, Antworten auch von guten Freunden anzunehmen.

„Nein, aber wenn ich in dem Augenblick da gewesen wäre, als J. gestürzt ist, hätte ich bestimmt das Schlimmste verhüten können!"

„Du meinst also, du hättest voraussehen müssen, dass du in genau diesem Augenblick da sein musstest."

„Ja, eigentlich ja."

„Meinst du, das geht? So – als gewöhnlicher Mensch?"

„Hm."

Viel weiter ist bei einer Gelegenheit möglicherweise gar nicht zu kommen, die Freundin sollte in diesem Beispiel ruhig aufhören und lieber die nächste Gelegenheit wieder aufgreifen. Der Prozess braucht Zeit, und es bringt nur Blockierungen, wenn sich die Trauernde in die Enge gedrängt fühlt.

Wichtig ist, Gelegenheiten zu nutzen, den Blick auf das Gute und die Chancen zu lenken, die noch vorhanden sind. Denn das Problem der akuten Trauer ist ja, dass Betroffene nur auf das quälend Fehlende starren und den Schmerz darüber immer wieder verzweifelt empfinden.

> Wichtig ist, Gelegenheiten zu nutzen, den Blick auf das Gute und die Chancen zu lenken, die noch vorhanden sind.

Es wird allerdings nicht viel dabei herauskommen, wenn Gesprächspartner theoretisch und belehrend über verbliebene Möglichkeiten sprechen, über „das halb volle Glas". Es geht vielmehr darum, in der anwesenden, konkreten Lebensrealität diese Dinge wahrzunehmen – also selbst lebendig zu sein! – und das Erlebte dann in unaufdringlicher Weise ins Gespräch zu bringen. Das können die kleinen Dinge des Lebens sein: der Tee, den es gerade gibt, die Natur, das Wetter, oder, noch besser, auch die wichtigeren: Beziehungen, die geblieben sind und dem Trauernden viel bedeuten. Zum Beispiel kann das Erzählen gerade selbst erlebter kleiner Begebenheiten mit diesen Menschen, die noch da sind, die Blickrichtung wieder stärker auf das Vorhandene, das Gute richten. Aber nicht zu viel davon.

Das Tempo muss die Seele des Trauernden selbst bestimmen.

Vor allem muss es darum gehen, dass der Trauernde Raum bekommt, wo er in selbst formulierten Sätzen wieder Anschluss an sich selbst, seine Werte, seine Lebensumgebung bekommen kann und wo er die Beziehung zum Verstorbenen würdigen kann. Das Erzählen von gemeinsamen Erlebnissen, die man mit dem Verstorbenen hatte, fördert den Prozess, dass der Trauernde diesen immer mehr als bleibenden Bestandteil des eigenen Lebens empfinden kann. Es ist gut, wenn es Freunde gibt, die sich für diese Geschichten interessieren.

Allerdings hat jeder, der Trauernden helfen möchte, auch seine eigenen Grenzen. Und es ist sehr wichtig, diese in einer Trauerbegleitung zu beachten. Gerade Trauer kann sehr verwickeln. Wir haben das Gefühl, Rücksicht auf den Trauernden nehmen zu müssen, und merken vielleicht gar nicht, wie wir selbst in diese hoffnungslose, glücklose Stimmung mit hineingezogen werden, der wir uns dort aussetzen. Vielleicht weit mehr, als uns guttut. Helfende, die sich nach einem Besuch ausgelaugt und ausgesaugt fühlen, werden den nächsten lange hinauszögern. Oder, wenn es Menschen mit hohem Selbstanspruch sind, trotzdem zum nächsten Besuch kommen, aber mit schlechtem Gefühl und negativen Erwartungen. Der Misserfolg ist für beide Beteiligten dann schon vorprogrammiert.

> Hilfreiche Trauerbegleitung kann nur leisten, wer eigene Grenzen beachtet.

Weit besser ist es, eigene Grenzen beizeiten zu beachten und sich nicht tiefer auf den Trauerprozess einzulassen, als man es gut aushalten kann und möchte. Zum Beispiel kann man Besuche von vornherein zeitlich eingrenzen. Besser zu wenig, als zu viel. Für den Trauernden ist es letztlich im Ergebnis wesentlich besser, wenn eine Beziehung auf diese Weise gehalten wird, so wie es für beide in Ordnung ist, als wenn Helfer irgendwann völlig überfordert den Kontakt abbrechen. Glücklicherweise erleben aber die meisten Menschen, die als Freunde mit Trauernden zu tun haben, ihren Anteil an der Entwicklung, die wir als Vertiefung von Beziehungen und Freundschaften im Verlauf der Trauerarbeit schon kennengelernt haben. Sozusagen die komplementäre Seite. Auch ihre Freundschaft zu den Trauernden erlebt eine Bereicherung und Vertiefung. Viele der intensivsten und beglückendsten Freundschaften, die wir haben, sind aus dem gemeinsamen Durchstehen schwerer Phasen entstanden.

8. Wenn Trauer nicht enden will

Es gibt blockierte Trauerprozesse. In der Regel ist es das Stadium der Depression, aus dem Menschen dann nicht mehr herausfinden.

> Der Trauernde bestimmt selbst das Tempo, in dem die Trauerarbeit abläuft.

Nun wurde schon mehrfach gesagt, dass der Trauernde selbst das Tempo bestimmen muss, in dem die Trauerarbeit abläuft, bzw. dass es die Trauer in ihm bestimmt. Das soll auch nicht infrage gestellt werden. Aber trotzdem gibt es Fälle von Trauer, wo Menschen über lange Zeit sichtlich keine Entwicklung machen. Nicht selten wird die Situation sogar schlimmer und es gibt fließende Übergänge zur Depression im klinischen Sinne.

Solche Entwicklungen haben drei hauptsächliche Gründe.

1. Es kann sich darum handeln, dass es gegenüber einem Verstorbenen schon zu Lebzeiten heftige Gefühle gab, die aber nicht zugegeben werden durften. Die Trauer kann nicht gelingen, solange diese Gefühle nicht mit bearbeitet werden.

2. Es kann auch darum gehen, dass die jetzige Trauer für eine weitere, tiefergehende und schwerere Verlustsituation steht, die aber verdrängt wurde. Deswegen wird der Schmerz durch fortgesetzte Trauerarbeit im Hier und Jetzt nicht spürbar geringer.

3. Und schließlich können durch belastende Lebensereignisse, life events, Depressionen ausgelöst werden, die eher auf neurophysiologischen Fehlregulationen beruhen und im weiteren Verlauf unabhängig vom Anlass eine eigengesetzliche Dynamik entwickeln.

Auf alle drei der genannten Punkte möchte ich im Folgenden näher eingehen.

1. Gefühle, die nicht sein dürfen

Psychotherapeuten sprechen in solchen Fällen auch von pathologischen Trauerreaktionen, wo Menschen weit über das übliche Maß hinaus an einer Verlustsituation leiden. Meist braucht es in einem therapeutischen Rahmen nicht lange, bis die Ursachen dafür deutlich werden.

Eine häufige Situation besteht darin, dass Menschen, die in der Kindheit vernachlässigt wurden oder jedenfalls nicht ausreichend von ihren Eltern beachtet wurden, mehr oder weniger bewusst ihr Leben lang darauf gehofft haben, dass sie irgendwann doch noch einmal Anerkennung und Liebe von ihren Eltern bekommen. Meist ist es ein Elternteil, auf das Betroffene in dieser Weise fixiert sind. Sehr häufig Frauen auf ihre Mutter. Obwohl diese Mutter wenig freundlich zu ihnen war, vielleicht eine andere Tochter, die schon immer das Nesthäkchen war, jahrzehntelang vorgezogen hat, haben sie ihr nie wirklich die Meinung gesagt. Manchmal haben sie gekocht vor Wut über all die Ungerechtigkeit, aber doch an sich gehalten, um nicht den endgültigen Bruch herbeizuführen. Denn ein endgültiger Bruch hätte ja bedeutet, jetzt wirklich auf nichts mehr hoffen zu dürfen. Oft läuft das allerdings nur zum kleinen Teil bewusst ab. Aufwallende Aggression wird schnell wieder verdrängt, um beim nächsten Besuch nicht im Wege zu stehen. Es besteht ja die Chance, dass es vielleicht diesmal klappen könnte. Natürlich wird auch dieser Besuch wieder zu einer Beziehungsenttäuschung, aber neurotische Mechanismen haben die fatale Eigenschaft, dass Menschen aufgrund von Verdrängung und Uminterpretation nicht die üblichen Lernerfahrungen machen. Außenstehende würden sicherlich sagen: Lass es doch einfach und such dir nettere Freunde! Das ist emotional für Betroffene aber nicht möglich, wenn sich solch ein Mechanismus etabliert hat, und sie wollen es auch nicht hören.

Ist nun diese Mutter gestorben, hat die Tochter nicht nur den eigentlichen Verlust zu tragen, sondern zusätzlich die viel größere Enttäuschung darüber, dass sie trotz aller Bemühungen und Selbstdemütigungen nie das bekommen hat, was sie immer wollte: ausreichend Liebe und Beachtung. Ihr Leben lang hat sie die Wut auf ihre Mutter immer ganz schnell wegpacken müssen. Ihre Seele hat dazu den unbewussten Mechanismus der Verdrängung benutzt, und das ist jetzt, wo die Mutter gestorben ist, immer noch so. Was sie bewusst fühlt, ist ein nicht enden wollender Schmerz.

In einer Therapie würde es also ganz wesentlich darum gehen, dass sie erst einmal Zugang zu ihrer Wut bekommt, die sich als sehr, sehr groß herausstellen wird, wenn sie sich erst einmal zeigen darf. Aber nur über diesen Umweg wird es möglich sein, dass sie irgendwann wirklich loslassen kann. Das Erleben der Wut ist noch nicht das Ziel. Es geht aber darum, dass überhaupt erst dann, wenn das Problem bewusst ist, auch ein bewusster Vergebungs- und Loslassprozess der Mutter gegenüber beginnen kann.

Auch verstorbenen Ehepartnern gegenüber ist es oft verdrängte Aggression, die Trauerprozesse so zäh machen kann. Häufig kommt das bei Witwen von Alkoholikern vor, die es zwar bis zum Schluss mit diesen ausgehalten haben, sie sogar zuletzt gepflegt haben, aber ihr Leben lang heftige Gefühle hinuntergeschluckt haben (Ko-Abhängigkeit), immer in der Hoffnung, dass die Beziehung doch noch besser werden könne, auch aus Retterfantasien dem Ehemann gegenüber heraus.

Auch ungeklärte sexuelle Nebenbeziehungen eines Partners bringen Hinterbliebene oft in eine schwer entwirrbare Mischung aus Wut, Eifersucht und – eben auch echter Trauer über den Verlust.

> Je mehr Dinge ungeklärt geblieben sind zwischen Verstorbenem und Hinterbliebenen, je mehr Gefühle verdrängt wurden, desto zäher wird die Trauerarbeit.

Generell gilt: Je mehr Dinge ungeklärt geblieben sind zwischen Verstorbenem und Hinterbliebenen, je mehr Gefühle verdrängt wurden, desto zäher wird die Trauerarbeit.

Wenn Trauer nicht gelingt, dann ist es sinnvoll, sich professionelle Hilfe zu holen. Wenn Sie im Freundes- und Bekanntenkreis diesen

Eindruck haben, dann geben Sie mutig diesen Rat. Eine Therapie bei blockierter Trauer braucht oft gar nicht lang zu sein. Aber es geht darum, dass Blockaden gelöst werden, damit ein echter Trauerprozess endlich in Gang kommt.

2. Trauer als Stellvertreterin für einen schweren Verlust

Markus F., 24 Jahre, wird auf der Psychosomatik-Station aufgenommen, weil er schon seit zwei Jahren depressiv ist, sehr wenig Antrieb hat, fast immer schlecht schläft und das Gefühl hat, dass ihm eigentlich nichts Freude macht. In einem Urlaub zwischendurch ging es ihm etwas besser, wo er mit einer Gruppe Gleichaltriger an einer organisierten Freizeit teilgenommen hatte. Die Gemeinschaft sei dort sehr gut gewesen. Im Studium schafft er nur mit Mühe das Notwendigste, hat allerdings auch manche Scheine einfach nicht gemacht und wird ein oder zwei Semester dranhängen müssen.

Als Grund für seinen Zustand nennt er die Trennung von seiner Freundin vor zwei Jahren. Er müsse immer darüber nachgrübeln, dass er mit dieser Frau hätte glücklich werden können, warum sie ihn bloß verlassen habe, und dass jetzt doch alles keinen Zweck mehr habe.

Im weiteren Gespräch kommt dann heraus, dass Markus die Freundin vor der Trennung erst drei Monate kannte. Sie war damals studienbedingt in eine andere Stadt gezogen, und von ihrer Seite aus scheint sie die Beziehung auch nie als Dauerbeziehung aufgefasst zu haben.

Markus hatte damals, schockiert und maßlos enttäuscht, jeden Kontakt abgebrochen.

Schon im Aufnahmegespräch ist dem Therapeuten deutlich, dass die Heftigkeit und Dauer der Reaktion nicht zu dem Anlass passt. Und bald zeigt sich, dass Markus in seiner frühen Kindheit bereits einmal ein Trennungserlebnis hatte. Seine Mutter hatte ihn mit zwei Jahren in ein Heim abgeschoben, weil er ihr in einer neuen Partnerschaft nur lästig war.

Markus kam dann später in eine Pflegefamilie, wo er aber auch nur wenig Warmherzigkeit erlebte und immer das Gefühl hatte, er müsse sich zusammennehmen. Er zeigte in der Schule recht gute Leistungen und hatte auch den Studienanfang gut bewältigt.

In der Therapie wird bald deutlich, dass Markus F. immer versucht hatte, durch Leistung und Bewältigung von Aufgaben Sicherheit zu gewinnen, seine Existenzberechtigung zu erarbeiten. Es hatte aber nie den Raum gegeben, die Trennungssituation in der Kindheit zu bearbeiten. Die damit verbundenen Gefühle von Schmerz, Verlassenheitsangst und Wut musste Markus verdrängen, abkapseln, um stattdessen wenigstens im Hier und Jetzt seine Daseinsberechtigung zu verdienen und nicht noch einmal lästig zu fallen.

Als ihn die Freundin verließ, war das eben nicht nur das Ende einer kurzen Episode, sondern rührte den nicht bewussten Schmerz über das viel tiefer liegende Verlassenheitstrauma seiner Kindheit auf. Markus konnte ihn nur mit der jetzigen Trennung in Verbindung bringen.

Erst in der Therapie und im Schutzraum der Station gelingt es ihm, seine Gefühle in Bezug auf die frühe Kindheitssituation freizugeben, zu erleben, zu benennen. Es geht ihm zeitweise dabei noch schlechter als bei der Aufnahme. Aber er spürt, dass hier jetzt ein Weg ist, um das immer dumpf empfundene Elend endlich einmal in den Blick zu bekommen und dann auch loszuwerden.

Depressionen, die auf ähnlichen Mechanismen beruhen wie bei Markus F., sind nicht selten. Nach heutiger Diagnoseklassifikation geht es um eine Dysthymia, einen mäßig ausgeprägten, chronisch depressiven Verstimmungszustand; psychodynamisch ausgedrückt ist es eine klassische neurotische Depression.

> In einer Therapie muss es darum gehen, zum eigentlichen Grund der Trauer, zum eigentlichen Schmerz vorzudringen.

Es geht um die Aktualisierung eines alten, verdrängten Konfliktes durch ein Erlebnis in der Gegenwart. Betroffene leisten Trauerarbeit über einen ihnen bewussten heutigen Verlust, spüren aber selbst, dass sie damit nicht vorankommen.

In Wirklichkeit liegt die Quelle ihrer Trauer tiefer, unterhalb der Decke ihrer Verdrängung.

So leisten sie also sozusagen fortgesetzte Trauerarbeit im Leerlauf über ein Thema, das nicht eigentliche Ursache ihres Schmerzes ist. Diese eigentliche Ursache ist noch verborgen.

In einer Therapie muss es also darum gehen, zum eigentlichen Grund der Trauer, zum eigentlichen Schmerz vorzudringen. Erst dann, wenn dieser in der Therapie aus der Verdrängung herausgeholt worden ist, wenn er wieder emotional belebt worden ist, erst dann können Betroffene an der richtigen Stelle Trauerarbeit leisten.

Und auf einmal wird diese Trauerarbeit effektiv. Menschen können endlich Tatsachen benennen. Vor allem spüren sie erstmals, wie allein und schutzlos sie damals waren und welches Unrecht ihnen damals angetan wurde. Erst hier kann jetzt ein Trauer-, Loslass- und Vergebungsprozess beginnen. Heilung kann nur geschehen, wenn an der richtigen Stelle getrauert wird.

> Heilung kann nur geschehen, wenn an der richtigen Stelle getrauert wird.

3. Depressionen anderer Ursache

Es gibt viele Ursachen für Depressionen.

Im vorigen Abschnitt hatten wir schon ein Beispiel für eine durch seelische Konflikte bedingte Depression. Der Betroffene meint, über ein erinnerbares Geschehen zu trauern, in Wirklichkeit ist dieses aber nur Stellvertreter für verdrängte Inhalte.

Bei vielen Depressionen ist die Ursache überwiegend oder auch weitestgehend neurophysiologisch bedingt. Es ist zu einer Verschiebung des Gleichgewichts von Überträgerstoffen im Gehirn (Neurotransmitter) gekommen, und Betroffene geraten dadurch oft in schwerste depressive Zustände hinein. Oft sind sie nicht ansatzweise mehr dazu in der Lage zu arbeiten, haben keinen Antrieb, sondern bleiben einfach im Bett liegen, die Stimmungslage ist äußerst schlecht, sie schwingen stimmungsmäßig nicht mehr mit und haben keine Möglichkeit, sich zu freuen. Betroffene empfinden ihre Lage als hoffnungslos, können auch nicht mehr glauben, dass es jemals besser wird. Grübeleien kommen hinzu, die bis ins Wahnhafte gehen können, insbesondere das Gefühl, zu verarmen oder schuldig zu sein.

Diese Form von Depression verläuft phasenhaft. Unbehandelt dauert eine solche depressive Phase meist Wochen oder Monate, dann kommt es in der Regel auch wieder zu stimmungsneutralen Zeiten. Besonders am Anfang und Ende einer depressiven Phase, wenn der Antrieb noch oder schon wieder etwas stärker ist, besteht ein hohes Suizidrisiko. Auch deshalb sollten Betroffene unbedingt in einer kompetenten Fachklinik behandelt werden.

Manchmal gibt es auch Stimmungsausschläge in die Gegenrichtung in Form leichterer oder auch schwerer Manien. Betroffene fühlen sich dann besonders leistungsfähig, sind oft euphorisch, manchmal auch gereizt und zeigen eine hohe Aktivität, die allerdings bei stärker ausgeprägten Manien nicht mehr konstruktiv ist, sondern sich z. B. in der Anschaffung von Luxusgütern niederschlägt, die die Möglichkeiten des Betreffenden weit übersteigen. Bei Stimmungsausschlägen in beide Richtungen würde man von einer bipolaren Störung (manisch-depressive Erkrankung) sprechen, wenn es nur depressive Phasen gibt, von einer rezidivierenden Depression.

Auch Phasen einer solchen Depression können durch Lebensereignisse ausgelöst werden. Diese sind aber nicht die Ursache, der Verlauf der Erkrankung hängt auch nicht mit ihnen zusammen.

Früher sprach man von „endogenen Depressionen", weil keine äußere Ursache erkennbar war. In den meisten Fällen gilt auch heute noch, dass bei diesen schwerwiegenden Formen von Depression die neurobiologischen Veränderungen im Vordergrund stehen. Andererseits weiß man aber, dass auch eine Folge von psychosozialen Belastungen Hirnreaktionen auslöst, die, wenn sie einmal begonnen haben, dann auch selbstständig weiterlaufen und auf neurobiologischem Wege eine depressive Episode einleiten können. Genetische Faktoren können eine neurobiologische Überempfindlichkeit bedingen, auch Persönlichkeitseigenschaften spielen hier eine Rolle und ebenso Bahnungen, die der Betreffende in der Kindheit erworben hat. Wenn Menschen schon häufiger depressiv waren, gerät das Gehirn über Bahnung immer leichter und schneller in ein depressives Geschehen hinein, sodass depressive Phasen im Laufe der Zeit oft ausgeprägter werden und leider auch die symptomfreien Intervalle kürzer. Frühzeitige und gute Behandlung ist also auch unter diesem Gesichtspunkt unbedingt anzuraten!

Aus den genannten Gründen verzichtet die heutige Diagnostik auch auf die Unterscheidung zwischen endogen und neurotisch, sondern beschreibt einfach die Art und den Schweregrad der Depression. Selbstverständlich ist es nach wie vor wichtig, in der Therapie nach psychischen Ursachen und auslösenden Faktoren zu suchen. Nur diese sind einer Psychotherapie zugänglich. Gleichzeitig gilt es aber auch, die notwendige medikamentöse und apparative Therapie an der Art und Schwere der Symptomatik auszurichten.

Der Vollständigkeit halber sei erwähnt, dass es auch noch anderweitig organisch bedingte Depressionen gibt, wie z. B. durch eine Schilddrüsenunterfunktion. Hier hilft natürlich nur eine ursächliche Behandlung, in diesem Fall eine Regulierung der Schilddrüsenhormone.

Alle drei genannten Formen von Depression können im Rahmen von Trauerprozessen entstehen. Nur die erste (Gefühle, die nicht sein dürfen) und die zweite (schwerwiegendere Verlustsituation im Untergrund) sind im eigentlichen Sinne Blockierungen bzw. Fehlleistungen des Trauerprozesses. In allen drei Situationen brauchen Menschen fachlich kompetente Hilfe. Es spricht vieles dafür, eine Depression, wenn sie sich einmal ausgebildet hat, frühzeitig zu behandeln. Hier brauchen Betroffene mutige Freundinnen, Freunde und Angehörige, die sie dazu motivieren und dabei begleiten.

> Trauer ist ein produktiver Verarbeitungsprozess, der nach vorne weist.

Zum Schluss dieses Buches noch einmal die Frage:
Was ist Trauer?
Trauer ist ein produktiver Verarbeitungsprozess, der nach vorne weist. Sie befähigt einen Menschen, sich mit geänderten und eingeschränkten Lebensbedingungen zu versöhnen und zu identifizieren. Sie öffnet den Blick für das Wunder des Lebens und lässt uns andere verstehen, die ebenfalls Beziehungen, Besitz und Hoffnungen verloren geben mussten.

Trauer bedeutet einen Reifungsprozess, der uns das erobert, was wir als Menschlichkeit bezeichnen.

9. Anhang: Methoden der Depressionstherapie im Überblick

1. Psychotherapie

Eine tiefenpsychologische bzw. konfliktzentrierte Psychotherapie ist, wie schon beschrieben, bei vielen Patienten mit über Jahre hingezogenen, in der Ausprägung leicht schwankenden, insgesamt mäßigen depressiven Verstimmungszuständen (Dysthymia nach ICD 10) oft das Mittel der Wahl. Angezeigt ist sie dann, wenn eine Diagnostik Hinweise auf innere Konflikte als Ursache für die Depression ergab. Die Depression bildet dann eine neurotische Kompromissbildung, die es dem Betroffenen ermöglicht, mit einander widerstreitenden Strebungen und Wünschen zu leben. Im Beispiel 2 des vorigen Kapitels wurde ein typischer Fall beschrieben. Einerseits möchte Markus F. sich zusammennehmen, funktionieren, wie er das während seiner Kindheit und Jugend gelernt hat, und dazu muss er den Schmerz darüber weiter verdrängen, dass er damals von seiner Mutter abgeschoben wurde. Andererseits ist der Schmerz in ihm übergroß, ein richtiger Tränensee ist da tief unten weggeschlossen. So bildet er jetzt (natürlich unbewusst) das Symptom, dass er über den Verlust der Freundin, die er eigentlich nie hatte, derartigen Schmerz empfindet, dass sein Leben zum Stillstand kommt. Es gibt eine Instanz in ihm, die so nicht mehr weitermachen möchte. Jetzt ist Schluss. Sein Unbewusstes weigert sich sozusagen, ihn weiter unter diesen Umständen durchs Leben zu schleppen.

Glücklicherweise findet er dann eine gute stationäre Therapie. Aufgabe ist es hier, die eigentliche Ursache seiner Trauer aufzuspüren und wieder zu beleben, damit Markus endlich an der richtigen Stelle trauern kann, konstruktive Trauerarbeit leisten kann.

Bei ausgeprägten depressiven Episoden, wie ich sie in Kapitel 8.3 geschildert habe, ist ein solches konfliktzentriertes Vorgehen in der Therapie allerdings ungeeignet. Therapieinhalte würden fast zwangsläufig schuldhaft vom Patienten verarbeitet. Dagegen wurden gute Erfahrungen mit verhaltenstherapeutischen Methoden gemacht, die auf der von dem amerikanischen Psychiater A. T. Beck entwickelten Vorgehensweise beruhen. Die depressiven Erlebnisweisen und Vorstellungen einschließlich Hoffnungslosigkeit und Schuldgefühle stehen dabei im Mittelpunkt. Negative und fehlerhafte Gedankenmuster (Kognitionen) werden im Einzelnen bestimmt, in ihrem Zusammenhang analysiert und im Dialog durchgearbeitet, wobei nur viel

Beharrlichkeit und Geduld des Therapeuten – im Verein mit medikamentöser Therapie – zu allmählichen Erfolgen führen.

Auch eine Außenstruktur, die der Betroffene sich selbst nicht geben kann, gehört zur Psychotherapie der Depression. Hier ist eine darauf eingestellte Krankenhausstation besonders nützlich. Durch Essenszeiten und einzelne Therapieangebote werden immer wieder die dumpfen Grübeleien unterbrochen, und die Außenwelt rückt – wenigstens kurzfristig – ins Blickfeld.

Auch ein regelmäßiges frühes Aufstehen, das ein Depressiver zunächst als Quälerei empfindet (er sieht überhaupt keinen Sinn darin, aufzustehen), wirkt über induzierte Hirnstoffwechselvorgänge antidepressiv.

2. Medikamentöse Therapie

Die meisten depressiven Patienten, praktisch alle mit einer mindestens mittelschweren Depression, profitieren von einer sorgfältig gehandhabten Pharmakotherapie. Diese sollte ihnen deshalb nicht vorenthalten werden. Das Vorgehen muss von den Symptomen abhängig gemacht werden. Bei leichteren Depressionen wurden gute Erfahrungen mit Johanniskrautpräparaten gemacht. Stehen Müdigkeit und Antriebsarmut im Vordergrund, eignen sich beispielsweise die SSRI (selektive Serotonin-Wiederaufnahme-Hemmer) für den Therapieeinstieg, weil sie neben ihrem antidepressiven Effekt diesen Symptomen entgegenwirken oder sie zumindest nicht verstärken. Die Gabe sollte entsprechend vor allem morgens erfolgen.

Wenn Schlafstörungen und innere Unruhe zu den Hauptsymptomen gehören, sind Antidepressiva sinnvoll, die eher Müdigkeit als Nebenwirkung haben und schlafanstoßend wirken.

Gemeinsam ist den Neuentwicklungen unter den Antidepressiva, dass sie weniger der für die älteren Präparate (Trizyklika) typischen Nebenwirkungen haben wie Mundtrockenheit, Benommenheit, Verstopfung, Müdigkeit, Unruhe, Herzrhythmusstörungen usw. In Bezug auf die eigentlich antidepressive Wirkung sind sie diesen allerdings nicht überlegen, und von vielen Patienten werden

Trizyklika auch problemlos vertragen. Insofern können sie bei entsprechender Indikation auch heute noch Mittel der ersten Wahl sein.

Jede medikamentöse Behandlung einer Depression gehört in die Hände eines darin erfahrenen Psychiaters.

3. Medikamentöse Phasenprophylaxe

Nach Abklingen einer einzelnen depressiven Episode unter Antidepressiva sollten diese noch 6 bis 12 Monate in anfangs langsam reduzierter Dosierung weiter genommen werden, um ein erneutes Abgleiten in die Depression zu verhindern. Wenn schon mehr als eine Episode stattgefunden hat oder wenn manische Episoden dazukommen, ist eine Phasenprophylaxe notwendig. Weil mit jeder Episode das Risiko für eine nächste steigt, ist es wichtig, von vornherein sehr sorgfältig alles Notwendige für eine Prophylaxe zu tun. Diese kann bei ausschließlich depressiven Phasen in der Weitergabe derjenigen Dosierung eines Antidepressivums bestehen, die zuletzt geholfen hat. Bei einer bipolaren Störung gibt es inzwischen verschiedene Substanzen, für die eine phasenprophylaktische Wirkung nachgewiesen ist. Meist ist auch heutzutage immer noch Lithium das Mittel der Wahl; ebenfalls in Betracht kommen – je nach Art der Störung – eine Reihe von anderen Substanzen wie Carbamazepin oder Valproinsäure. Besonders bei Lithium sind regelmäßige Blutentnahmen zur Kontrolle des Lithiumspiegels und eine Aufklärung des Patienten über Symptome einer Überdosierung erforderlich.

4. Schlafentzüge

Schlafentzüge sind besonders wirksam bei schwereren Phasen einer rezidivierenden Depression. Bei ca. 50 bis 80 % der Betroffenen kann eine Symptomreduktion im Vergleich zum Vortag von 30 bis 100 % erreicht werden. In der Regel besteht dieser Effekt allerdings nur am Tag nach dem Entzug. In seltenen Fällen verschwinden Depressionen nach Schlafentzug auch vollständig. Schlafentzüge sind aus einer modernen Depressionstherapie nicht mehr fortzudenken, zumal sie als völlig unbedenkliches und nebenwirkungsfreies Therapieelement zur Verfügung stehen.

Die Durchführung findet als partieller Schlafentzug statt. Der Patient wird um 1.00 Uhr geweckt und darf bis zur normalen Nachtruhe am Abend desselben Tages nicht mehr schlafen. Auch Kurznickerchen sind nicht erlaubt, da sie den positiven Erfolg zunichte machen. Erfahrungsgemäß lassen sich Schlafentzüge nur auf einer Station durchführen, wo alle gut informiert sind, den Patienten überzeugend auf den Schlafentzug vorbereiten und mit geeigneten Aktivitäten dabei unterstützen.

Wenn sich Schlafentzüge als wirksam erweisen, lässt sich über 8 Tage eine Schlafphasenverlagerung durchführen, um den Effekt auf Dauer zu sichern.

5. Lichttherapie

Bei saisonalen Depressionen („Winterdepression") hat sich die Lichttherapie bewährt. In vielen Fällen können damit Phasen vollständig verhindert werden. Das Wirkprinzip beruht auf einer Förderung der Serotoninproduktion (Botenstoff im Gehirn) und Hemmung des müdigkeitserzeugenden Melatonins. Faustregel für die Anwendung: mit Beginn der dunklen Jahreszeit jeden Morgen ½ Stunde Exposition von 10 000 Lux (erreicht durch spezielle Lichttherapiegeräte). Die Patienten können dabei z. B. lesen und brauchen nur zwischendurch immer wieder einmal in das Licht zu blicken.

Weitere Bücher von Martin Grabe

Zeitkrankheit Burnout
Warum Menschen ausbrennen
und was man dagegen tun kann
ISBN 978-3-86827-350-2
96 Seiten, gebunden

Burnout – eine Zeiterscheinung auf dem Weg zur Volks-
krankheit. Meistens trifft sie den, der nicht damit gerech-
net hätte – vor lauter Überbeschäftigung. Gerade die Ide-
alisten, die sich voller Verantwortungsgefühl in die Arbeit
stürzen, sind besonders gefährdet.
Wie läuft diese Störung ab, wie erkennt man Frühsymp-
tome und wie betreibt man sinnvoll Vorsorge für sich und
andere?
Lebens-Wichtige Informationen für Sie, denn Burnout ist
nicht irgendeine Krankheit. Unsere Gesundheits- und Le-
bensorganisation als Ganzes steht zur Debatte – es lohnt
sich, etwas Zeit in dieses Thema zu investieren!

Auch als Hörbuch:

ISBN 978-3-86122-885-1
75 Minuten Laufzeit

Lebenskunst Vergebung
Befreiender Umgang mit Verletzungen
ISBN 978-3-86122-962-9
192 Seiten, gebunden

Kaum etwas kann befreiender sein als richtig verstandene Vergebung. Wer von anderen Menschen verletzt wird, gerät leicht in einen Kreislauf negativer Gedanken hinein. Das kann ihm auf Dauer größeren Schaden zufügen als das eigentliche Unrecht.

Dieses Buch zeigt ganz praktisch, wie es einem Betroffenen gelingt, mit Verletzungen umzugehen und sie loszulassen. Die geschilderten Wege der Vergebung haben sich in Psychotherapie und Seelsorge vielfach bewährt.

Ein Handbuch für Betroffene, Therapeuten und Seelsorger.

Die Alltagsfalle
Warum es sich lohnt, über den
Sinn des Lebens nachzudenken
ISBN 978-3-86827-348-9
64 Seiten, Paperback

Vielleicht haben Sie momentan eigentlich zu viel zu tun, um noch so ein Büchlein wie dieses zu lesen – dann stecken Sie wahrscheinlich schon mittendrin: in der Alltagsfalle. Wenn Sie weiterlesen sollten, dann würden Sie und ich – als Leser/In und Autor – uns gemeinsam auf ein ziemlich gewaltiges Thema einlassen: den Sinn des Lebens. Wie ich in Gesprächen immer wieder merke, gibt es dazu einige wirklich hilfreiche Dinge zu sagen ...

Post aus Äthiopien
Brautbriefe einer
Afrikamissionarin
ISBN 978-3-86122-956-8
192 Seiten, Paperback

Elisabeth Peters (1903-1936) war ein begeisterter und begeisternder Mensch. In ihren Briefen schildert sie, wie sie früh ihre Berufung für die Mission entdeckt und ihrem Verlobten in den Einsatz nach Äthiopien folgt. Einen ganz besonderen Glanz gewinnen ihre Berichte, als sie von ihrer ebenso zarten wie ungewöhnlichen Liebesgeschichte erzählen. Gott holt sie schon mit 32 Jahren aus diesem Dienst heraus, sie stirbt an einem Tropeninfekt. Doch sie hat bereits einen ganz besonderen Segen in Gang gesetzt: Aus der Arbeit ihres Missionsteams entsteht die Mekane Yesus Kirche, zu der heute etwa 3,6 Mio. Christen gehören. Ihre Briefe ermutigen zur Klarheit im Leben und wecken neue Freude am Glauben.

Weitere Buchtipps

Jörg Berger
Lebensziel Berufung
*Den eigenen Weg finden
in einer Welt der Beliebigkeit*
ISBN 978-3-86122-812-7
128 Seiten, gebunden

Berufung – ein etwas sperriger Begriff, dessen Perspektive und Bedeutung uns häufig verloren gegangen ist. Wie finde ich eine Lebensform, die meinem Wesen entspricht? Wofür soll ich mein Leben einsetzen? Mit anderen Worten: Was ist meine Berufung?

Auf die Frage nach dem „Wie" gibt der Autor praktische Antworten, die sich nicht nur in der Psychotherapie bewährt haben. Auf die existenzielle Frage nach dem „Wofür" bietet die Bibel Lösungen, die zu einem frohen, schöpferischen und einsatzbereiten Leben freisetzen.

Dieses Buch kann einem Leben neue Richtung geben.

Mit Illustrationen von Marion Schowalter.

Susanne Riderer
In dir geborgen
Mein Krebs-Tagebuch
ISBN 978-3-86827-198-0
112 Seiten, gebunden

2008 notiert Susanne Riderer in ihrem Tagebuch:
„Kein Zweifel, da ist etwas. Erstaunlich, wie eindeutig sich das anfühlt. Erstaunlich, wie ruhig ich bin.
Unwillkürlich rechnet es in meinem Kopf: Wie lange ist das her, dass bei meiner Mutter Brustkrebs entdeckt wurde? 15 Jahre. Keine Panik, erst mal abwarten, beobachten."

Und einige Wochen später schreibt sie:
„Mitten im Leben, der Terminkalender randvoll. Wie und wo soll man da einen Arzttermin unterbringen?
Schließlich siegt doch die Vernunft, denn tief in mir drin ist die Gewissheit: Es ist ernst! Sei jetzt nicht dumm, kümmere dich!"

Susanne Riderer kümmert sich und sieht sich mit der Diagnose Brustkrebs konfrontiert. Geahnt hatte sie es ja schon.

Ein zutiefst ehrliches und zugleich mutmachendes Tagebuch über eine schlimme Krankheit und einen großen Gott.

Brunhilde Ludewig
Gebete für schwere Stunden
ISBN 978-3-86827-199-7
80 Seiten, gebunden

Ein wertvoller Begleiter in schweren Zeiten.

Wenn die Not überhandnimmt, wenn die Sorgen quälen und die Tränen nicht versiegen, dann schlägt Gottes Stunde. Er schenkt uns sein Ohr, gerade dann, wenn unser Herz schwer ist. Aber was, wenn uns einfach kein Gebet über die Lippen kommen will?

Die vorliegenden Gebete laden zum Nachsprechen in schweren Zeiten ein. Wer sich mit seinen Anliegen an Gott wendet, der wird getröstet und empfängt Kraft. Kraft von oben – ob in Zeiten der Trauer oder vor einer Operation oder in Zeiten der Zweifel und der Anfechtung.